人民文库 第二辑

唯物史观与
中共党史学

张静如｜著

人民出版社

出 版 前 言

　　1921 年 9 月,刚刚成立的中国共产党就创办了第一家自己的出版机构——人民出版社。一百年来,在党的领导下,人民出版社大力传播马克思主义及其中国化的最新理论成果,为弘扬真理、繁荣学术、传承文明、普及文化出版了一批又一批影响深远的精品力作,引领着时代思潮与学术方向。

　　2009 年,在庆祝新中国成立 60 周年之际,我社从历年出版精品中,选取了一百余种图书作为《人民文库》第一辑。文库出版后,广受好评,其中不少图书一印再印。为庆祝中国共产党建党一百周年,反映当代中国学术文化大发展大繁荣的巨大成就,在建社一百周年之际,我社决定推出《人民文库》第二辑。

　　《人民文库》第二辑继续坚持思想性、学术性、原创性与可读性标准,重点选取 20 世纪 90 年代以来出版的哲学社会科学研究著作,按学科分为马克思主义、哲学、政治、法律、经济、历史、文化七类,陆续出版。

习近平总书记指出:"人民群众多读书,我们的民族精神就会厚重起来、深邃起来。""为人民提供更多优秀精神文化产品,善莫大焉。"这既是对广大读者的殷切期望,也是对出版工作者提出的价值要求。

文化自信是一个国家、一个民族发展中更基本、更深沉、更持久的力量,没有文化的繁荣兴盛,就没有中华民族的伟大复兴。我们要始终坚持"为人民出好书"的宗旨,不断推出更多、更好的精品力作,筑牢中华民族文化自信的根基。

人民出版社

2021 年 1 月 2 日

目　录

导　　论

　　什么是中共党史学？中国共产党的历史简称中共党史,是客观的不以人的意志为转移的历史进程,而中共党史学则是研究这一进程的学科。凡研究这一历史进程的课题,不管从什么角度、什么层次,都属于中共党史学的范围。换句话说,中共党史学就是对中国共产党历史发展进程的研究。

　　不知为什么,在中共党史学界有不少人对这个简单的道理总是弄不清楚。有的教中共党史课的教师,居然把"中共党史"与"中共党史学"的区别当作问题提出来。也有的教师误以为中共党史学指的是中共党史史料学、中共党史学史、中共党史学理论和方法。我想,弄不清楚这个事,大概是因为人们长期教的课叫"中共党史",突然冒出个中共党史学,就糊涂了。其实只要好好想一想,很容易弄明白。教"历史"课,有"历史学";教"地理"课有"地理学";教"物理"课有"物理学";教"生物"课有"生物学";教"国际政治"课有"国际政治学"等等。所以教"中共党史"课,有个"中共党史学"就不算怪事了,也就容易懂了。至于中共党史史料学、中共党史学史、中共党史学理论和方法属于中共党史学的组成部分,而不是中共党史学的全部,后边还会说到。

　　说到历史学,其实对中国共产党历史的研究本来就属于历史学的内容。也就是说,中共党史学是历史学科。对此,以往也有误解。20世纪80年代初期,人们普遍认为中共党史学是政治学科。这主要是因为1958

年中共党史被定为高等学校政治理论课后,在人们的头脑形成了一种错觉,把学科性质与课程作用弄混了。不错,从课程的作用来说,中共党史课无疑是应该对高等学校学生进行政治理论教育,但不等于说这门学科的性质也随之变化了。这种情况在别的政治理论课中也存在,如政治经济学长期被确定为高校政治理论课,其学科性质始终属于经济学科,而不是政治学科。一般说来,课程的作用和学科性质是一致的,特殊情况下,两者也可以不同。人们没有注意到,高等学校历来都以不同时期对学生进行政治理论教育的需要为根据,选定恰当的学科充任政治理论课。被选入的学科的本来性质,并不因此而改变。另外,造成人们观念上的错误差的原因,还因为中共党史学具有很强的政治性,时常受到政治形势变化的冲击,但这属于学科的功能范围,与学科性质无关,不必在性质上强调,更不能改变性质。鉴于此,当时学界有学者提出疑问,经过讨论,多数人取得共识,认定中共党史学属于历史学科。这种共识对中共党史学科的发展极为重要,因为弄不清楚学科性质,名不正则言不顺,中共党史学就不能按自身规律正常发展。

为什么说中共党史学是历史学科呢?道理也很简单。凡研究和阐明人类社会发展过程的纵向学科,不管它是整体的、断代的或者是分类的,都应该归属于历史学科。中共党史学是研究中国共产党历史发展进程的纵向学科,其性质自然是应该属历史学科,中共党史是中国近现代历史时限之内的一部专史,在中国近现代时限之内,由于客体的结构上分层次存在,因而从历史学的角度来看,就有多种不同层次的学科研究这段历史的内容。作为中国通史组成部分的中国近现代史,是一个综合性的大系统,属于近现代时限之内的高层次学科。低于他的次级系统,有经济史、政治史、文化史、思想史,等等。这些专史又各自有自己的次级系统,形成第三、第四层次,以致更多层次。如经济史下面有生产史、流通史、分配史,等等;政治史下面有革命史、政党史、军事史,等等;政党史下面又可分为共产党史、国民党史、农工民主党史,等等。可见,中共党史学就是专门研究中国共产党历史发展过程的学问,专门研究这一特定领域中的特殊矛盾,并从中引出规律性的结论。

既然中共党史学属于历史学科,那么,为什么还要单独立"学"呢?这不是因为中国共产党作为执政党有此特权,而是由中国共产党历史的特殊性决定的,自中国共产党成立至今,对中国近现代社会发展的影响太大了。要研究20世纪中国社会的发展,无论是社会的哪一个层面,不研究中国共产党的历史是绝对不行的,中国共产党的历史发展,涉及社会各个领域内容,十分丰富,过程特别曲折复杂,对它的研究不单独立"学",不形成一个相当规模的研究体系,是无法深入的。

中共党史学是20世纪诞生的一门新兴学科,至今已有70多年的历史了,在这么长的时间里,它从萌芽到比较成熟,走过了一条曲折的道路,取得了很人成就。总的来说,到20世纪末期,以大量的研究成果为基础形成了一个比较丰满的、系统的、科学的研究体系。这一体系的基本构成,与历史学是一致的,但又有自身的特点。大致说来,这个研究体系有如下一些方面:

第一,通史类:即从中国共产党成立至今,党领导新民主主义革命、社会主义革命和社会主义现代化建设以及在这个过程中党自身建设的历史。这是通过对中国共产党在经济、政治、文化等诸领域的活动进行全面、系统、综合的考察和研究,做出历史全过程全方位的叙述和分析。它可以使人了解、认识中国共产党历史发展过程的全貌。这方面研究水平的高低,直接反映了党史整体水平的深浅。党史工作一直重视这方面的研究,成果也很多,如中共中央党史研究室编著的《中国共产党历史》上卷和正在撰写的中卷、下卷,胡绳主编的《中国共产党七十年》等。以往党校、军校、高校编写的中国共产党历史讲义教材,如何沁等编写的《中共党史讲义》、中共中央党校党史教研室编写的《中国共产党史稿》(四册)等也属于此类著作。

第二,断代史类:把中国共产党历史发展全过程,按时间顺序分成阶段进行研究。这方面研究之所以需要,是因为中国共产党延续时间长,包含内容多,不同阶段又有特殊性。分成阶段,有利于研究。从大的阶段上说,可以分成新民主主义革命阶段、从新中国成立到十一届三中全会前的阶段、社会主义新时期阶段。这三个阶段下边,又可分为若干小的阶段,如五四运动和中国共产党的成立、抗日战争、解放战争等。在党史研究体系中,这类研究占有重要位置,是最基本的部分。成果也较突出,如李新、陈铁健主编的《伟大的开端》、黄修荣著《中国革命史》、何理著《抗日战争史》、王学启主编的《中国社会主义时期史稿》等。

第三,专史类:对中国共产党在经济、政治、军事、文化、理论诸领域的活动,以历史的发展为线索分别进行研究。中国共产党的活动涉及社会生活诸领域,而且有的领域的活动对社会发展具有决定性的定义。如军事领域,在新民主主义革命阶段,是中国共产党的主要活动领域,没有长期的武装斗争,就不可能有革命的胜利。又如经济领域,是社会主义现代化建设阶段中国共产党的主要活动领域,没有正确的路线、方针、政策及艰苦的工作,就不可能有现代化建设的顺利发展。再如理论领域,无论革命阶段还是建设阶段,都是中国共产党活动的灵魂,没有毛泽东思想和邓小平理论,就不可能有中国革命和建设的胜利发展。可见,要使中共党史研究深入,不分别研究中国共产党在社会生活诸领域的活动是不行的。在党史研究中,专史类占有很大分量,也是当时研究体系的基本构成部分。如金春明、陈登才主编的《毛泽东思想发展史》,张静如主编的《中国共产党思想史》,宋春、刘志超主编的《民主党派与中共合作史》,王功安、毛磊主编的《国共两党关系通史》,中共中央党史研究室第一研究部编著的《红军长征史》,力克主编的《中共中央党刊史稿》,苏星著《新中国经济史》等均属此类。

第四,地区史类:即对中国共产党的活动,按地区以史的发展为线索分别进行研究。在中国革命和建设的各个发展阶段,中国共产党的活动都是分地区进行的,或一省一市一县,或几省几市几县。由于各地区的自然和历史条件不同,无论是革命阶段还是建设阶段,发展都是不平衡的,有快有慢,并呈现出各自不同的特色。因此,地区史是中共党史研究体系不可缺少的组成部分。如吴家林、谢荫明著《北京党组织的创建活动》,盖军主编的《中国共产党白区斗争史》,周子东等著《马克思主义在上海的传播》,宋金寿主编的《抗战时期的陕甘宁边区》,蒋伯英著《闽西革命根据地史》,以及各地党史研究室编辑出版的中共地方史,都属于此类著作。

第五,行业史类:对中国共产党的活动,按行业系统的史的发展为线索分别进行研究。中国共产党的活动,在各个阶段,也通过行业系统进行,如铁路系统、纺织系统、学校系统。各行业党的活动有自身的特点,也是深入进行中共党史研究的一个侧面,如张大中主编的《解放战争时期北平学生运动》、李代耕编著的《新中国电力工业发展史略》等,均为此类。

第六,人物志类:对中国共产党历史发展进程中,党内外各行各业有影响的历史人物分别进行研究。人物研究历来是党史研究的重要组成部分,而且有影响的人物甚多,故而在党史研究中占有的分量也是相当大的。这方面已有的成果甚多,如金冲及主编《毛泽东传》、《周恩来传》、《刘少奇传》、《朱德传》,章学新主编的《任弼时传》以及《彭德怀传》等元帅系列传记,爱泼斯坦著的《宋庆龄传》,任建树、唐宝林著《陈独秀传》,朱志敏著《李大钊传》,陈铁健著《瞿秋白传》,宋镜明著《李达传记》等。

第七,研究性回忆录:一般回忆是材料性的,不是研究成果,当然不包含于研究体系之中,但在中共党史研究中却有一些回忆是在研究第一手资料基础上形成的。这种研究性的成果,不但有回忆者提供的亲身经历的实际历史情况,而且有回忆者对历史的见解,也有协助者研究的成果。它在中共党史研究中有重要作用,确实不可缺少。薄一波著《若干重大决策与事件的回顾》、《七十年奋斗与思考》,李维汉著《回忆与研究》以及《胡乔木回忆毛泽东》等就是这类著作。

第八,基础理论类:指的是中共党史史料学、中共党史学史、中共党史学研究理论和方法。研究作为历史学科的中共党史,当然要用马克思主义、毛泽东思想、邓小平理论做指导。但是,在实际进行研究中,仍需要一种中介理论,才能把马克思主义的基本原理与中共党史研究实际结合起来。帮助研究中如何掌握和运用史料的史料学,总结研究中的经验教训以提高研究水平的史学史,也都是中共党史研究体系中不可缺少的部分。此类著作有,张静如著《唯物史观与中共党史学》,王仲清主编的《中共党史学概论》,张静如、唐曼珍主编的《中共党史学史》,张注洪著《中国革命史史料学》,张宪文著《中国现代史史料学》,周一平著《中共党史研究七十年》等。

马克思列宁主义、毛泽东思想、邓小平理论是中国共产党的指导思想,自然研究中国共产党的历史也应该以马克思列宁主义、毛泽东思想、邓小平理论为指导。但是,在实际的研究中,必须有一种中介理论,才能把马克思主义基本原理与中共党史研究的实际结合起来。构成这种中介理论,应该具有如下的条件:

第一,要成体系。所谓理论体系,就是具有整体性、系统性、全面性的相互联系理论框架。具体说,马克思主义与中共党史学的中介理论,需要全面地、系统地反映马克思主义的基本原理在中共党史研究中的应用,而不是零碎地反映某个原理的应用,也不是仅仅反映中共党史研究的某一个方面的应用。就是说,这种中介理论,要管辖中共党史研究的各个方面。无论过程、阶段的研究,还是人物、事件的研究,这种中介理论都要起作用。当然,只要能够在根本性的问题上反映马克思主义基本原理与中共党史研究实际的结合就可以了。

第二,要有可操作性。也就是说,在大的理论框架下面,要列出个条目,具体而不是抽象地说明马克思主义基本原理如何在中共党史研究中应用。这样,才能够进行实际操作。否则,只有大的理论框架,研究者在研究中无法遵循,就成为毫无实际意义的东西,不仅如此,而且还要特别注意,一定不能把这种中介理论艰涩化,无论是大的理论框架,还是具体细目,都应避免使用费解的语言和难懂的概念,否则是研究者无法运用或出现偏差,也就失去了意义。

第三,要有时代性。马克思主义是不断发展的,中共党史研究由于中国共产党历史的发展也在不断创新,所以其中介理论必须反映时代特性,避免理论上的陈旧。这样,才能有助于中共党史学为社会主义现代化建设服务。把马克思主义同当代中国实践和时代特征结合起来的邓小平理论,是当代中国的马克思主义,是马克思主义在中国发展的新阶段,因此,所谓中介理论反映时代特性,就是突出反映邓小平理论如何在中共党史研究中应用。

除此之外,还要注意到中共党史学的中介理论体系与其他人文社会科学有明显的不同之处。在中国,举凡人文社会科学,都毫无例外地用马克思主义的唯物史观作指导,但每一学科又都有各自独立的理论。如教育学有教育理论,法学有法学理论,军事学有军事理论,等等。这些理论无疑要以唯物史观为出发点,可他们并不把唯物史观当作自身的内容。两者之间的界限是清晰的,不容易混淆。这大概是由于这些学科的研究领域,只是上层建筑、意识形态的一部分。中共党史学则不完全相同。多数研究中共党史的学者都正确指出,中共党史学的理论和方法与唯物史观不是一回事,后者是基础,是指导,不能代替前者,否则就导致研究的公式化、概念化、简单化。不过,仅仅说到这个程度还不够,需要进一步深层次考虑。

唯物史观是关于社会发展一般规律的科学,是一种哲学概括,不包括低于哲学层次的若干理论。根据马克思和恩格斯的原意,唯物史观的内容只包括:社会存在与社会意识的关系;社会基本结构及其运行机制。低于这个层次的理论,都是由此派生的。由于中共党史学研究的对象是整体社会,而不是社会的某个部分,所以表述中共党史学的理论和方法的内容时离不开唯物史观的最根本的内容。人们可以常见到这种情况:研究者一方面强调不能用唯物史观代替中共党史学的理论和方法,另一方面在表述中共党史学的理论和方法的内容时,又把唯物史观的内容列为首位。确实,如果表述中共党史学的理论和方法,不讲社会存在与社会意识的关系,不讲社会的基本结构及其运行机制,人们总会觉得别扭,或者说就无法开口。可见,唯物史观与中共党史学的理论和方法,不仅有前者对后者的指导关系,而且有后者包含前者的关系。说唯物史观不能代替中共党史学理论和方法是对的,因为后者还包括许多的与哲学层次的内容;如果说两者没有包含关系,就未必恰当了。强调把两者区别开来,是人们怕出现研究中的公式化、概念化、简单化的弊病,其实,承认两者的包含关系,与这种弊病的产生没有必然的联系。研究中出现这方面的问题,重要原因是没有掌握好和违背了唯物史观。可见,中共党史学的理论和方法,应该分层次。它具有哲学层次的内容,又有低于哲学层次的内容。也就是说,既包括揭示社会发展一般规律的唯物史观,又包括低于这一层次的关于历史过程具体规律的理论。后者,主要是解决历史过程的阶段性、发展趋向以及评价历史事件、人物、群体的原则等等问题。

建立中共党史学的中介理论体系,是一件难度很大的事,因为他既要准确把握马克思主义、毛泽东思想、邓小平理论的基本原理,又要充分掌握中共党史研究的实际。我在 1995 年出版的《唯物史观与中共党史学》本想建立起这种中介理论体系,但对这本书我在 1996 年的一篇文章中曾说它的主要毛病"是没有提出一个完整的中介理论体系"。书中虽然列出一个大的框架,但结构不那么合理,标题的提法不那么科学;虽然也提出一些具体的条目,但可操作性不强,而且写得也比较散。所以,早就想在此基础上改写。问题是总考虑不好,究竟这种中介理论的结构、内容是怎样的才能更为科学、更为适用。不过,我觉得从现实中共党史研究状况来说,建立中介理论体系极为需要。当前的中共党史研究,既有繁荣发展的一面,又有不够深入的一面,在研究的现代化、科学化、社会化方面都存在着不少问题。造成这种状况的原因很多,但很重要一点是在研究中缺乏理论和方法的指导。看来,探讨建立中介理论体系的问题,是个紧迫的任务。鉴于此,我虽然考虑不成熟,但还是应该试着去做。因为这种事,本来就不是一下子就能做好的,一次两次做不好,再接着做。只有不断做才能越做越好,逐步提高。

中共党史学的中介理论体系的内容很丰富,按目前的认识,我觉得主要应该包括以下几个方面:以近现代社会史为基础,以解放和发展生产力,实现社会现代化为主线;以社会进化为基础,以社会变革为动力;以群体社会作用为基础,一个人社会作用为契机;以社会心理为基础,以意识形态为导向;以历史辩证法为核心,以中国传统治史方法和现代自然科学、人文社会科学研究方法之精华为辅佐。这几个方面大致可以反映马克思主义、毛泽东思想、邓小平理论在中共党史学中的应用。相对来说,这几个方面的表述,较之《唯物史观与中共党史学》中的表述更贴切一些,因而也就更科学些。如原来表述的"社会进化和变革与党史学",在形式上就有内容的不确定的毛病,而且也没有说明进化和变革的关系。其他几条同样存在着类似的毛病。是不是本书的表述就很好了呢?我不这样认为,肯定仍然存在,这样或那样的毛病,人的认识总是有局限性,现在看不出来问题,也许认识提高了就能够看出来问题,现在只能根据现在的认识来写,这是没有办法的事。

需要特别强调的是,本书所提出来的中介理论体系,并不是包罗万象的,更不是"包医百病"的。也就是说,提出中介理论体系并非规范一种模式,然后有研究者对号入座,照猫画虎。按照一种模式,根本无法进行研究,也得不出符合实际的结论。所以,无论是中介理论体系的大的框架,还是这一框架下面的细目,都是宏观的,都是原则的。它是指导研究的方向的,不是束缚研究的内容的。比如,书中提出的解放和发展生产力的原则,是为了引导研究者从这一个角度考查历史过程中的人物和事件,至于研究者对所研究的对象应该如何表述,如何分析,则需要根据史料才能得出结论。中共党史学的中介理论体系是以认识和方法论的统一,归根结底,是力图帮助研究者运用马克思主义、毛泽东思想、邓小平理论的基本原理去研究中共党史中的实际问题。

本书不是研究历史哲学问题的,而是研究如何把马克思主义唯物史观的基本原理与中共党史研究实际结合起来,或者说是研究在中共党史学中如何贯彻马克思主义唯物史观的基本原理。为此,本书自然要通过大量实例,即通过中共党史研究中的具体问题进行考察和说明,但又不是展开研究这些具体问题。所以,书中会涉及许多历史人物和历史事件,甚至对某个历史人物的思想和活动,对某个事件的过程和性质进行细微的描述和分析,但这也只是为举例说明应该如何在中共党史研究中运用马克思主义唯物史观的基本原理解决实际问题,并不是研究历史人物和历史事件的本身。当然由于通过实例讲清楚了在中共党史学中如何运用马克思主义唯物史观的基本原理,就不仅会促进中共党史学的发展,而且会直接有利于书中所使用的有关历史人物和历史事件的例子本身的研究。

　　如果本书能够初步建立起中共党史学的中介理论体系,如果能够对这理论体系的细目逐条解释清楚,从而对中共党史学的发展起到促进作用,那就很好了。但是,如果说不清,或者有的问题说不清,以至引起不同看法,那也是很好的,对中共党史学的发展同样是有利的。

一

解放和发展生产力与党史学

　　对于解放和发展生产力是社会革命的最终目的这一唯物史观的重要观点，与中共党史研究的关系，我是在 1984 年以后才开始注意的。但缺乏自觉的深入的研究，故而认识上的提高不快。对下面提出的一些想法，我并不认为是这种研究的终结，确切地说仅仅是开始。

　　社会是个极为复杂的机体，要从千差万别的社会现象中，准确地概括出人类社会基本结构及其运行机制，实属不易。历史上无数研究者都试图予以说明，但都没有能提出令人满意的解释，只有马克思主义的唯物史观才科学地做出回答。唯物史观认为，生产力与生产关系、经济基础与上层建筑，是人类社会的基本结构，而这两对矛盾又构成社会的基本矛盾。基本矛盾的运动，推动着社会的发展。在社会基本矛盾的运动中，生产力是最活跃、最革命的因素，是这一运动的起点。因为任何一个社会都不能停止消费，从而也就不能停止生产，所以生产力总是在不断变化和发展着的。生产力的这种变化和发展，必然要引起与其相适应的生产关系的变化和发展，并迟早要发生变革。生产关系即经济基础的客观要求，又导致上层建筑领域的变革。这是一个连锁反应，从生产力开始，波及生产关系，再影响到上层建筑，并且只有上层建筑的变革才能实现生产关系的变革，然后再促进生产力的发展。马克思在《〈政治经济学批判〉序言》中说："社会的物质生产力发展到一定阶段，便同它们一直在其中活动的现存生产关系或财产关系(这只是生产关系的法律用语)发生矛盾。于是这些关系便由生产力的发展形式变成生产力的桎梏。那时社会革命的时代就到来了。"社会革命表面上集中于改变上层建筑领域的核心——政治制度,其实质是改变生产关系,而改变生产关系的最终目的,则又是为解放和发展生产力。列宁在《社会民主党在 1905—1907 年俄国第一次革命中的土地纲领》中曾强调,发展社会生产力,是"社会进步的最高标准",所以应该全力支持发展生产力的变革。从人类社会发展的历史过程看,每一新的生产方式的出现,都较旧的生产方式是一种进步。经过社会变革,打破旧的生产关系,促进生产力的发展,这样社会就前进了。可见,解放和发展生产力,贯穿于人类社会发展的始终。但是,历史上一切剥削阶级在未取得政权之前,总是力争打破旧的生产关系,而一旦取得政权,就要保护和发展既得利益,阻碍生产力的发展。在《共产党宣言》中,马克思和恩格斯指出:"过去一切阶级在争得统治之后,总是使整个社会服务于他们发财致富的条件,企图以此来巩固他们已经获得的生活地位。"无产阶级与历史上一切剥削阶级不同,"只有消灭自己的现存的占有方式,从而消灭迄今存在的全部占有方式,才能取得社会生产力。无产阶级没有什么自己的东西必须加以保护,他们必须摧毁至今保护和保障私有财产的一切"。可见,只有无产阶级才能一心为解放和发展生产力,改变和提高全体人民生活而奋斗。因此,当无产阶级取得政权,建立社会主义社会之后,就把发展生产力作为社会主义社会的头等的、最基本的任务。列宁在《工会在新经济政策条件下的作用和任务》中说:"无产阶级取得国家政权以后,它的最主要最根本的利益就是增加产品数量,大大提高社会生产力。"

那么,解放和发展生产力是社会革命的最终目的这一唯物史观的重要命题,与中共党史学的关系究竟如何呢? 我以为,如下几个方面很值得注意:

第一,应该注意到解放和发展生产力是中国共产党历史发展全过程的核心内容,从而要把它纳入研究对象的表述中。

为什么说解放和发展生产力是中国共产党历史发展全过程的核心内

容呢？从道理上说也很简单：解放和发展生产力，建立社会主义制度，实现社会现代化，使国家富强，人民生活幸福，是中国共产党在中国进行政治活动的目的，故而解放和发展生产力贯穿于中国共产党历史发展过程的始终，一切其他活动都以此为中心并为之服务。如果把中国共产党历史发展的全过程做个粗略的考察，就会看得更明白。

中国共产党从成立之日起，就在马克思主义的指导下，以改变中国落后状态，拯救人民摆脱贫困境遇，过幸福生活为己任。为了达到这个目的，中国共产党从中国的实际情况出发，决定革命分两步走，先搞民主革命，推翻帝国主义和封建主义的统治，再进行社会主义革命，建立社会主义制度。这革命的第一步，以解放生产力为主题。毛泽东在《论联合政府》中说得明白："中国一切政党的政策及其实践在中国人民中所表现作用的好坏、大小，归根结底，看它对于中国人民的生产力发展是否有帮助及其帮助之大小，看它是束缚生产力的，还是解放生产力的。"他在《目前形势和我们的任务》中更具体地指出，新民主主义革命的任务，"除了取消帝国主义在中国的特权以外，在国内，就是要消灭地主阶级和官僚资产阶级（大资产阶级）的剥削和压迫，改变买办的封建的生产关系，改变被束缚的生产力"。可见，整个新民主主义革命的过程，就是反帝反封建反官僚资本，解放生产力的过程。在这个过程中，完成解放生产力任务的主要手段是武装斗争，走农村包围城市，最后夺取城市的道路。中国共产党领导的其他一切工作，诸如根据地建设、白区工作，等等，都是围绕这一中心而开展的。在解放战争时期，解放区的农村工作可算得上非常重要的事，因为它本身就是解放生产力的组成部分。即使如此，它也要为当时的全国解放战争服务，即要从物力上和人力上支援前线，起配合、辅助作用。如果不是这样，人民解放战争就不能取得胜利，解放区也保不住，更谈不上夺取全国政权，解放生产力自然成为空话。白区工作也是整个新民主主义革命的重要组成部分，在扰乱敌人秩序，瓦解敌人力量，了解敌人情况等许多方面都有很大作用。即使这样，它也不是主战场，只能处于配合武装斗争的地位。但是，由于人们在新民主主义革命长期过程中，绝大部分时间直接接触的是解放生产力的主要手段和辅助手段，因而容易忽略甚至忘记革命的根本目的。对此,毛泽东于 1944 年 3 月 22 日在中共中央宣传委员会召开的宣传工作会议上讲话时,曾向干部们强调要有个正确的认识。他指出,许多同志把政治、军事放在第一的位置是对的,因为不把敌人打掉,什么也谈不上。但是,不能忘掉搞政治、军事的目的是为了解放和发展生产力。毛泽东说:"政治、军事的力量,是为着推翻妨碍生产力发展的力量;推翻妨碍生产力发展的力量,目的是为着解放生产力,发展经济。经济是政治、军事的基础,政治、军事是上层建筑。地基是经济,根本目的也是发展经济。政治、军事之所以放在第一,是因为如果没有它们,生产力得不到解放,就没有可能谈其他问题。""日本帝国主义占了我们的地方,我们还有什么生产力可以发展?这是妨碍生产力发展的。妨碍生产力发展的旧政治、旧军事力量不取消,生产力就不能解放,经济就不能发展。"所以,"最根本的问题是生产力向上发展的问题"。

民主革命时期,虽然以解放生产力为主,但并不是说生产力没有在一定程度上、一定范围内、一定阶段里得到发展。这是因为在漫长的新民主主义革命过程中,每一革命阶段的结局都多少促进生产力的发展;因为革命势力所长期占据的较大的局部地区,生产力确实得到一定的解放,并有所发展。前者最明显的是 1924 年到 1927 年的大革命对帝国主义与封建势力的打击,在一定程度上使生产力得到解放,因而对生产力的发展确实起了作用。1927 年到 1937 年期间,中国社会生产力的发展达到历史上从未有的水平,原因是多方面的,但非常重要的和较为直接的原因是 1924 年到 1927 年大革命所起的作用。后者无论在土地革命战争时期或抗日战争时期的根据地,还是在解放战争时期的解放区都可以找到实例。既然中国的武装斗争是有根据地的,而且夺取政权是一块一块进行的,所以,根据地内就要进行经济建设,同时革命战争的费用也要由根据地供给,这一切都是发展生产力的问题。由于根据地内生产力得到一定程度的解放,就为发展生产力创设了前提条件。如抗日战争时期的陕甘宁边区在经济建设方面取得很大成绩,生产力有了发展。到 1943 年,整个边区达到"丰衣足食",粮食不但够吃,而且有余。在工业方面,毛巾、袜子、陶瓷等达到全部或大部分自给,食盐则除自用外主要是外销。又如解放战争时期的山东解放区,虽由于遭受国民党军队重点进攻,由于许多地方有严重自然灾害,生产力被破坏程度大,但经过该地区党和政府采取救灾措施,到1948年秋季,农村经济得到恢复和发展。据统计,仅济南战役、淮海战役、京沪杭战役中抢修铁路桥梁,购置战争器材、供应前方副食品及支前经费等项开支,就达人民币91528万余元,山东解放区担负50%左右。可见,如果该地区生产力没有一定发展,是无法做到的。关于在根据地内要发展生产力的问题,毛泽东也有过论述。他在1944年4月3日给任弼时修改讲演稿时加上些话,强调要搞经济建设。他说:"因为中国革命的长期性,一方面为着革命与战争事业的物质供给上的需要,一方面为着人民的需要,都必须从事经济建设的工作,不应该也不可能等候把全部敌人打平后才去进行建设工作。"当然,在中国共产党未能夺取全国政权的情况下,对发展生产力始终不可能投入更多的力量。也就是说,在民主革命时期,解放生产力仍是主要的任务。这个任务,在1949年基本上完成了。

中华人民共和国的建立,标志着历史进入新民主主义向社会主义的过渡时期。在这个时期,主要任务是继续解放生产力。与民主革命时期不同的是,发展生产力的任务,提到了重要的位置。建国初期,有许多民主革命遗留的解放生产力的任务,也有稳定经济形势,恢复和发展生产力的任务。完成后一任务,对于缺乏掌管全国经济工作经验的中国共产党来说,是十分艰巨的。随着土地改革、镇压反革命和其他各项民主改革的完成,中国社会面貌、社会风尚起了很大变化,生产力得到进一步解放。同时,经过3年的努力,国民经济得到全面恢复和初步发展。1952年工农业总产值,比1949年增长77.5%,比建国前最高水平的1936年增长20%。在此基础上,中国共产党提出过渡时期总路线。它规定:在一个相当长的时间内,逐步实现国家的社会主义工业化,逐步实现国家对农业、手工业和资本主义工商业的社会主义改造。很明显,从新民主主义到社会主义过渡时期内,完成解放和发展生产力的主要手段是"一化三改"。"一化三改"体现了社会主义建设和社会主义改造同时并举,亦即发展生产力和解放生产力同时并举。社会主义改造是为了解放生产力,在这个过程中同时发展生产力,当这个过程结束之后生产力将得到更大的解放。毛泽东在1956年的最高国务会议上指出:"社会主义革命的目的是为了解放生产力,农业和手工业由个体所有制变为社会主义的集体所有制,私营工商业由资本主义所有制变为社会主义所有制,必然使生产力大大地获得解放。这样就为大大地发展工业和农业的生产创造了社会条件。"到1956年,生产资料私有制的社会主义改造取得决定性的胜利,从而确立了社会主义制度;1957年底,第一个五年建设计划的各项指标大都超额完成,解放和发展生产力的任务完成得很出色,为进行大规模的社会主义现代化建设提供了良好基础。党的八大通过的关于政治报告的决议,曾做过如下的论述:"我国在近百年间,经济和文化的发展远落在世界先进水平之后,广大的觉悟的爱国人民一直要求把我国从落后的农业国变为先进的工业国。我们党早就指出,为了达到这个目的,必须首先推翻束缚社会生产力的半殖民地半封建的政治制度和经济制度,并且指出,在现代中国的条件下,只有建立社会主义制度,才能真正解决我国的工业化问题。由于资产阶级民主革命和社会主义革命的胜利,生产力发展的障碍基本上已经扫除了。"这种分析在当时是完全正确的,因为确立了社会主义制度之后,历史上一切剥削阶级被消灭,他们对生产力发展的阻碍作用已不复存在。在解放和发展生产力上走完的这第一步,具有重要的意义,因为没有这第一步,就不可能有第二步,就没有进行现代化建设的基本条件。刘少奇在《国家工业化和人民生活水平的提高》中说:"不做好这第一件事,第二件事是做不好的。过去许多实业救国论者的错误和他们失败的原因,就在于他们不懂得这个道理。"

社会主义制度建立之后,本应在中国出现生产力大发展的局面。但是,从1957年下半年开始,由于"左"倾错误,虽然社会主义现代化建设也取得了不少成绩,却由于没有把发展生产力作为主题,并且建立起一个阻碍生产力发展的经济体制,致使到1978年的20年中,国家的发展基本上处于停滞不前的状态。什么叫停滞?它是指事物由于受到阻碍不能顺利运动或发展的一种现象。停滞不是停止,后者意味着运动不再进行。人类社会作为一种运动形态,永远不能停止,但社会的停滞可能发生。整个社会停滞是指从经济到政治,从文化到日常生活,都受到阻碍而不能顺利发展。当然,由于社会的发展不能停止,所以任何社会处于停滞状态的时候,完全可以寻找到它仍在发展的若干实例,特别是在经济方面,但并不能证明社会没有停滞。由于生产力是社会发展的最终决定力量,所以衡量社会发展状况,首先应该以生产力为标准。按此标准来衡量,就要看物质资料丰富的程度、劳动生产率的水平、生产社会化的程度、经济发展的速度,等等。即一般讲的生产力的性质和水平,在统计学上则往往是用国民生产总值和国民收入来表现。按此标准来衡量,还要看作为生产力的人的物质和精神需求满足的程度,即人的物质生活、文化教养、科技知识、民主权利、心理意向、思维方式等诸方面的发展状况。同时,判断社会是否停滞,也还要从生产关系、上层建筑等角度观察,但最终仍应归结到对生产力发展的作用上。

这20年中,从经济上说确实存在着停滞现象。"一五"期间,工农业总产值、农业总产值、工业总产值和国民收入的平均增长速度分别为10.9%、4.5%、18%、8.9%。从1958年到1965年,农业生产平均每年递增1.5%,工业生产平均每年递增8%,比"一五"期间低得多。"文化大革命"10年中的开头两年,工农业总产值一直下降,到1969年以后有一定恢复和发展,1974年又停下来。总计这10年,农业生产平均每年递增3.3%,工业生产平均每年递增8.5%,虽较"二五"期间好一点,但其中水分很大。另外,这20年中经济损失巨大,"二五"期间损失1200亿元,"文化大革命"期间损失5000亿元,加起来接近于建国以来新增加的固定资产。同时,这20年中,国民经济存在着积累率过高、主要比例关系严重失调、经济效益全面下降等问题。上述一切带来人民生活水平的降低,1957年全民所有制职工年平均工资为637元,到1976年下降到605元。1977年部分职工提了工资,到1978年才使职工平均工资上升为644元。1957年城乡居民每人平均粮食为406斤,食油为4.8斤,到1978年粮食仅为391斤,食油为3.2斤。20年来,经济上还存在一个僵化的体制。建国初期和"一五"期间,我国逐步建立起集中统一的经济体制。这种体制脱胎于革命战争时期解放区建立的"统一领导,分散经营"的体制,并在学习借鉴苏联经验的基础上形成。它在当时经济发展水平低,经济结构比较简单的情况下,对集中人力、物力、财力进行重点建设,迅速恢复和发展国民经济,起过积极作用。但到"一五"后期,由于社会主义改造基本完成和经济发展规模逐渐扩大,这种高度集权体制的弊端日益暴露。这主要是:所有制结构和经营方式单一,政企不分,条块分割,中央集权过多,国家对企业管得太死,忽视商品生产、价值规律和市场作用,分配形式单一,平均主义严重。这种长期基本不变的僵化经济体制,严重阻碍生产力发展,是社会停滞在经济基础方面的突出表现。经济上如此,政治上、文化上以至社会生活诸方面也都发生停滞。

对这20年的社会停滞,邓小平曾多次进行概括:"从一九五八年到一九七八年整整二十年里,农民和工人的收入增加很少,生活水平很低,生产力没有多大发展。一九七八年人均国民生产总值不到二百五十美元。"①"从1957年至1978年,'左'的问题使中国耽误了差不多20年。中国在这一时期也有发展,但整个社会水平处于停滞状态。那段时期,农民年均现金收入60元,城市职工月均收入60元。在近20年的时间里没有变化,按照国际标准,一直处于贫困线以下。"②"可以说,从一九五七年开始我们的主要错误是'左','文化大革命'是极左。中国社会从一九五八年到一九七八年二十年时间,实际上处于停滞和徘徊的状态,国家的经济和人民的生活没有得到多大的发展和提高。"③"从1957年下半年开始,我们犯了'左'的错误,'左'的错误持续了20年。这20年中,中国处于停滞状态,主要表现在生产力不发展,人民生活没有改善。"④"在这二十年中我们并不是什么好事都没有做,我们做了许多工作,也取得了一些重大成就,比如搞出了原子弹、氢弹、导弹等。但就整个政治局面来说,是一个混乱状态;就整个经济情况来说,实际上是处于缓慢发展和停滞状

---

① 《邓小平文选》第3卷,第115页。
② 《人民日报》1987年5月29日。
③ 《邓小平文选》第3卷,第237页。
④ 《人民日报》1988年6月22日。

态。"①这 20 年的历史说明,中国共产党领导的社会主义现代化建设过程出现停滞,也是因为在解放和发展生产力问题上产生了差错。

党的十一届三中全会纠正了这种错误,把全党工作重点转移到社会主义现代化建设上来,从而使解放和发展生产力重新逐渐成为中心任务。把这个问题明确之功,首推邓小平。

邓小平一贯重视发展生产力。早在抗日战争时期,谈到根据地建设时,他就强调"发展生产是经济建设的基础,也是打破敌人封锁、建设自给自足经济的基础,而发展农业和手工业,则是生产的重心"②。建国前夕,他在西南地区工作时指出:"调整工商业涉及三个方面的问题,一资、二劳、三公,一切都要引导到发展生产力。共产党就是为发展生产力的,否则就违背了马克思主义理论。"③党的八大之后,他在西安干部会上做报告时,强调"今后的主要任务是搞建设"④。"文化大革命"结束后,党的十一届三中全会之前,邓小平就一再强调要集中搞好经济建设,发展生产力,并指出它是全国人民的主要任务。从 1980 年开始,邓小平进一步提出社会主义阶段最根本任务就是发展生产力的思想,并多次做了说明。1980 年 4 月至 5 月,邓小平在四次谈话中指出:"革命是要搞阶级斗争,但革命不只是搞阶级斗争。生产力方面的革命也是革命,而且是很重要的革命,从历史的发展来讲是最根本的革命。"⑤"不解放思想不行,甚至于包括什么叫社会主义这个问题也要解放思想。经济长期处于停滞状态总不能叫社会主义。人民生活长期停止在很低的水平总不能叫社会主义。"⑥"讲社会主义,首先就要使生产力发展,这是主要的。只有这样,才能表明社会主义的优越性。社会主义经济政策对不对,归根到底要看生产力是否发展,人民收入是否增加。"⑦1984 年 6 月,他说:"什么叫社会

---

① 《邓小平文选》第 3 卷,第 264 页。
② 《邓小平文选》第 1 卷,第 80 页。
③ 《邓小平文选》第 1 卷,第 148 页。
④ 《邓小平文选》第 1 卷,第 261 页。
⑤ 《邓小平文选》第 2 卷,第 311 页。
⑥ 《邓小平文选》第 2 卷,第 312 页。
⑦ 《邓小平文选》第 2 卷,第 314 页。

主义,什么叫马克思主义? 我们过去对这个问题的认识不是完全清醒的。马克思主义最注重发展生产力。我们讲社会主义是共产主义的初级阶段,共产主义的高级阶段要实行各尽所能、按需分配,这就要求社会生产力高度发展,社会物质财富极大丰富。所以社会主义阶段的最根本任务就是发展生产力,社会主义的优越性归根到底要体现在它的生产力比资本主义发展得更快一些、更高一些,并且在发展生产力的基础上不断改善人民的物质文化生活。如果说我们建国以后有缺点,那就是对发展生产力有某种忽略。"①1985 年 4 月,他说:如果说,我们总结的经验有很多条,那么很重要的一条经验是要搞清楚"什么是社会主义,如何建设社会主义"。"社会主义的首要任务是发展生产力,逐步提高人民的物质和文化生活水平。"②同年 8 月,他又说:"社会主义的任务很多,但根本一条就是发展生产力,在发展生产力的基础上体现出优于资本主义,为实现共产主义创造物质基础。"③1987 年 4 月,他再次指出:"社会主义的第一个任务是要发展社会生产力"④,只有"生产力不断发展,最后才能达到共产主义"⑤。邓小平的这一思想,很快为全党所接受,党中央把发展生产力作为社会主义初级阶段建设有中国特色社会主义的根本的中心的任务。1984 年 10 月 20 日党的十二届三中全会通过的《中共中央关于经济体制改革的决定》写道:"社会主义的根本任务就是发展社会生产力,就是要使社会财富越来越多地涌现出来,不断地满足人民日益增长的物质和文化需要。社会主义要消灭贫穷,不能把贫穷当作社会主义。必须下定决心,以最大的毅力,集中力量进行经济建设,实现工业、农业、国防和科学技术的现代化,这是历史的必然和人民的愿望。全党同志在进行改革的过程中,应该紧紧把握住马克思主义的这个基本观点,把是否有利于发展社会生产力作为检验一切改革得失成败的最主要标准。"在社会主义初

①《邓小平文选》第 3 卷,第 63 页。
②《邓小平文选》第 3 卷,第 116 页。
③《邓小平文选》第 3 卷,第 137 页。
④《邓小平文选》第 3 卷,第 227 页。
⑤《邓小平文选》第 3 卷,第 228 页。

级阶段,实现发展生产力目的的途径,就是贯彻和实行党的基本路线,即"一个中心,两个基本点"。就是说,在坚持四项基本原则的同时,实行改革开放,以保证经济建设的发展,保证发展生产力这一中心任务。实践的发展表明,这条路子是对的,只有坚持走下去,才能实现社会主义现代化。不过,前些年虽然大力进行了改革,对其性质和目的在党的决议、文件中也都做过说明,但始终没有明确其在解放生产力方面的作用。也就是说,只把改革同发展生产力联系在一起,而没有同解放生产力联系在一起。其实,改革是为了清除不利于生产力发展的障碍,使生产力进一步得到发展。所以,改革无疑是解放生产力的手段。邓小平在视察南方的谈话中强调:过去只讲社会主义条件下发展生产力,没有讲还要通过改革解放生产力,不完全。应该把解放和发展生产力两个讲全了。准确的说法应该是:"革命是解放生产力,改革也是解放生产力。"①把改革提到这个应有的高度来认识和把握,就使社会主义现代化建设的中心更加明确了。

综观以上历史的概括描述,解放和发展生产力是中国共产党历史发展过程的主线,可一目了然。对此,江泽民于1993年6月25日在纪念中国共产党成立72周年座谈会上曾做了如下的概括:"我们党从诞生到现在,已经走过了七十二年的战斗历程。这七十二年,中国共产党作为工人阶级的先锋队,始终站在解放和发展社会生产力的最前列,领导全国各族人民推动历史不断进步。在前二十八年,我们党创造性地把马克思主义基本原理运用于中国革命的实际,开辟了有中国特色的民主革命道路,通过艰苦卓绝的武装斗争,推翻了三座大山,建立了新中国,实现了社会生产力的大解放。新中国成立后的四十多年来,我们党一直为在社会主义条件下进一步解放和发展生产力而顽强探索,其间虽然几经曲折,终于在坚持马克思主义基本原理与中国社会主义现代化建设实际相结合的过程中,找到了建设有中国特色社会主义的正确道路,通过实行改革开放,推动我国社会生产力在新的条件下实现新的解放和发展,取得了举世瞩目的伟大成就。纵观七十二年的历史,我们党的发展壮大,我们国家在党的

---

① 《邓小平文选》第3卷,第370页。

领导下取得独立和走向繁荣富强,归根到底是同推动社会生产力的解放和发展密切相联的。在中国,没有共产党的坚强领导,就不会有社会生产力的不断解放和发展,就不会有社会的全面进步,就谈不上社会主义现代化。"这段概括是十分中肯的,道出了中国共产党历史发展的本质。

既然如此,把解放和发展生产力表述在中国共产党历史研究对象中,就是值得考虑的问题。我以为,研究对象的表述一定要高度概括,不能把研究的内容都无遗漏地表述出来,但如果能把最核心的内容纳入研究对象的表述中,也许会更易于把握,会更有益于研究的深入,所以我想,做如下的表述更为贴切:中国共产党历史的研究对象,是中国共产党为解放和发展生产力而奋斗的历史发展全过程。

第二,应该注意如何使中共党史学的主体部分的研究体系和研究重点体现解放和发展生产力这一核心内容。

在研究体系中,要体现解放和发展生产力这一核心内容,就必须把中国共产党领导的社会革命(包括民主革命、社会主义革命和社会主义现代化建设)发生、发展的根源、作用及其终极目的的研究贯彻始终,必须把解放和发展生产力的手段或途径的研究贯彻始终。

关于社会革命发生、发展的根源,马克思主义经典作家的兴奋点,是十分集中的。这在前面的论述中已很清楚,下边再引用一些他们的话以加深理解。恩格斯在《反杜林论》中指出:"一切社会变迁和政治变革的终极原因,不应当在人们头脑中,在人们对永恒真理和正义的日益增进的认识中去寻找,而应当在生产方式和交换方式的变更中去寻找"。马克思在《巴枯宁〈国家制度和无政府状态〉一书摘要》中写道:"彻底的社会革命是同经济发展的一定历史条件联系着的;这些条件是社会革命的前提。"马克思和恩格斯在《德意志意识形态》中共同认为:"按照我们的观点,一切历史冲突都根源于生产力和交往形式之间的矛盾"。"生产力和交往形式之间的这种矛盾(正如我们所见到的,它在以往的历史中曾多次发生过,然而并没有威胁这种形式的基础)每一次都不免要爆发为革命,同时也采用各种附带形式——表现为冲突的总和,表现为各个阶级之间的冲突,表现为意识的矛盾、思想斗争、政治斗争等等。根据狭隘的观点,可以从中抽出一种附带形式,把它看做是这些革命的基础"。马克思和恩格斯显然是在强调研究社会革命一定要研究生产力和生产关系的矛盾,而不要只研究由此派生的附带形式。当然,马克思和恩格斯并没有说这种附带形式不要研究,而且在许多情况下只有透过对附带形式的研究才能揭示本质。

对于中国共产党领导下的社会革命发生、发展的根源,不仅要从生产力与生产关系的矛盾角度做总体上的考察,而且要分阶段考察。这样,才能在研究体系中把解放和发展生产力这一核心内容贯彻始终。

譬如,对中国近现代革命发生的根源,一定要从生产力与生产关系的矛盾角度分析。近现代中国革命是在西方资本主义侵入之后开始的,但其根源却种植于封建社会之中。延续 2000 多年的中国封建社会,是以小农业和家庭手工业相结合的自然经济,以土地占有者靠地租剥削农民的生产关系为基础的。在这个基础上,建立起中央集权的君主专制制度,和以宗法家族制度为核心的社会关系,以及儒家思想为代表的意识形态、思维方式。这个社会里,人民群众曾以自身的巨大力量造就出灿烂的文明,诸如著称于世的造纸术、印刷术、指南针、火药四大发明,名扬四海的丝绸、瓷器、茶叶等产品,享誉中外的万里长城、京杭大运河、赵州大石桥等宏伟建筑工程,以及长期保持领先地位的天文、冶炼、造船、医药等学科,使中华民族的社会生产力直到 18 世纪中叶仍然走在世界的前头。但同时,封建的生产关系又束缚着新的社会生产力的发展,使中国社会前进的步伐十分缓慢,到 18 世纪中叶以后,逐渐被挤出世界先进行列。那么,这个社会是不是凝固的呢?它是不是只能在自身之内循环,而永远不能靠自身力量突破呢?不是。从道理上讲,世界上无论自然界还是社会,没有一个凝固不变的体系。从中华民族的历史上讲,由原始社会到奴隶社会再到封建社会,都是靠自身力量突破的。从事实上讲,在封建社会末期,已经有了新的与传统社会结构相悖因素出现。这种相悖因素就是资本主义的萌芽。确实,资本主义的萌芽在西欧比较早。约在 14 世纪至 15 世纪,已在地中海沿岸的某些城市出现。到 16 世纪,英国和欧洲大陆某些城市已进入工场手工业阶段,过渡到资本主义生产方式。而开始于明朝末年的中国资本主义萌芽,比欧洲约晚两个世纪。但它毕竟在封建社会自身出现了。关于中国封建社会后期资本主义萌芽问题,建国以来曾发表过几百篇论文,其中也有持否定态度的。《中国资本主义发展史》一书持肯定说,我以为其所使用的材料比较准确,观点也比较中肯:

——宋代的农业生产力达到高峰,明清两代略有提高。粮食的产量,明盛世比宋盛世约增50%,清盛世比明盛世也增长2倍以上。农业生产力的发展,为明清资本主义萌芽的出现提供了物质前提。手工业生产技术,也是在宋代达于高峰,明清略有发展。如四川井盐业,创造管道系统,利用天然气为燃料,达到手工业生产所可能达到的技术高度。有的行业如丝织业,虽织机无改进,但织机专用化了,织造工艺大有进步,品种多样化,这就能增大产品的市场,推动资本主义萌芽的发展。至于这时手工业生产技术的发展,已落后于世界先进水平,自不待言。

——在明代,长距离的贩运贸易有所发展,如徽商、晋陕商等;到了清代,商人会馆林立,经济也专业化了。商人的资本,也在这个过程中得到积累。明后期,大商人资本的规模在50到100万两,清中叶以后有的可达1000万两。当然,这种构成资本主义萌芽的前提,在市场上所占比重仍然不大。

——从雇佣关系上看,在农业方面,到清中叶,真正的资本主义性质的雇佣劳动是极少的。在乾嘉年间约400件农业雇工的记载中,能肯定为资本主义雇佣关系的,不过11例。在手工业方面,从明代开始,确实有资本主义雇佣关系的出现,虽然雇工量不大。

——在明末,农业中找不到资本主义萌芽的实例。但在苏州、杭州的丝织业和广东佛山的冶铁和铁器铸造业中,可以看出资本主义的萌芽。如《广东新语》一书所记:"诸所铸器,率以佛山为良"。"其炒铁则以生铁团入炉,火烧透红,乃出而置砧上。一人钳之,二三人锤之,旁十余童子扇之。童子必唱歌不辍,然后可炼熟为镈也。""计炒铁之肆有数十,人有数千。一肆数十砧,一砧有十余人,是为小炉,炉有大小,以铁有生熟也。"看来,这样一个作坊,是可以肯定为资本主义的工场手工业了。

——在清代前中期,农业中已经有了资本主义的萌芽,但它的量很小,在农业中起不到什么作用。从手工业来看,在制茶业、制烟业、酿酒业、制糖业、榨油业、丝织业、棉布加工业、造纸业、印刷出版业、木材采伐业、煤矿业、铜矿业、井盐业、制瓷业、运输业中,都可以找出资本主义的萌芽。如雍正十二年《奉宪永禁机匠叫歇碑》记载:"苏州机户,类多雇人工织。机户出口(资)经营,机匠计工受值,原属相需,各无异议。""各匠常例酒资,纱机每只常例给发机匠酒资一钱,二月朔日给付四分,三月朔日给付三分,清明给付三分,共足一钱之数。锻机每只常例亦给付机匠一钱,六月朔日给付四分,七月朔日给付三分,中秋给付三分,三次分给,共足一钱之数。至于工价,按件而计,视货物之高下,人工之巧拙,以为增减,铺匠相安"。

以上所引用的材料,大体上说明从明朝末年开始中国已出现资本主义的萌芽。与此相适应,在阶级关系方面,也增添了新的内容。首先,雇工反对雇主的斗争开始出现。苏州的一些手工业具有很大代表性:1734年,长洲县机匠聚众要求加银;1755年,吴县染纸作坊工匠张圣明等以坊主折扣平色工银而纠众停工;1755年,踹匠李宏林等报官请工价。其次,城市商人、手工业者和手工业工人反抗封建剥削压迫的斗争也逐渐发展起来。1813年秋,陕西岐阳县发生饥荒,谷价上涨,木商停工,伐木工人无工作,遂聚众5000人,持器械掠食。至次年夏,被清政府镇压。这种因素的出现,是资本主义萌芽的反映,而它又可以促进资本主义萌芽的发展。至于作为明清两代阶级斗争主体的农民对地主的反抗,当然不是资本主义萌芽的反抗,但在已有资本主义萌芽的情况下,这种斗争的存在就具有新的意义。一旦资本主义萌芽得到发展,形成一种经济基础,出现资产阶级及其政治要求,那么,存在并发展着的农民反抗地主的斗争就会纳入新的轨道,而为新型革命的主要动力。与资本主义萌芽相适应,在意识形态领域内,也出现新的因素。明末到清中叶的许多进步思想家,都是封建营垒中的人物,并没有摆脱封建主义思想体系。但是,由于商品经济发展的影响,他们在政治、经济和社会思想方面要求突破某些封建传统。特别是他们所提出的推崇私利、求富和个性解放的观点,很值得注意。明末清初的朱舜水与商人接触较多,他提出的人人都应相敬相爱的观点,超出孔丘的"仁者爱人"的内容。戴震揭露理学的本质是以理杀人,提出"体民之情,遂民之欲"的要求,则带有个性解放的意味。魏源在鸦片战争前就公开维护商人的利益,把它与国计、民生并提,主张用海商、票商之力革除漕运和盐政中的流弊。古典文学名著《儒林外史》和《红楼梦》则以艺术形象控诉了吃人的礼教,表现出对个性解放的强烈追求。

可见,在中国封建社会末期,从生产力到生产关系,从阶级关系到意识形态,都出现了与社会制度相对抗的新因素,这就是近现代中国革命的根基。诚然,新的社会生产力与现存的旧生产关系之间的矛盾,尚未激化到产生社会革命的程度。但旧的生产关系无法阻止新生产力的发展,也不能阻止新的生产方式的出现。新的社会生产力的发展和资本主义生产关系的萌芽,毕竟是封建社会的重要突破口,迟早会导致社会革命的爆发。还是毛泽东说得对:"中国封建社会内的商品经济的发展,已经孕育着资本主义的萌芽,如果没有外国资本主义的影响,中国也将缓慢地发展到资本主义社会。"①

以上考察的是近现代中国革命发生的一个方面的根源,但由于这场革命确实是发生于西方资本主义入侵中国之后,所以还必须考察它的另一方面的根源。1840年,西方资本主义用鸦片和大炮打开了中国封闭的大门。外国资本主义的入侵,对中国的社会经济起了很大的分解作用:一方面破坏了中国自给自足的自然经济的基础,破坏了城市的手工业和农民的家庭手工业;一方面促进了中国城乡商品经济的发展。自然经济的破坏,给资本主义生产造成了商品市场,而大量农民和手工业者的破产,又给资本主义生产造成了劳动力市场。于是,在中国社会里,资本主义生产方式脱离了萌芽状态而开始得到发展。

中国人经营的近代工业,最早的是19世纪60年代清政府官办的近代军事工业。1861年,曾国藩创办的安庆军械所是最初的尝试。到1890年,军火工厂已有19个。这类工厂的规模也逐渐扩大,像1865年在上海创办的江南制造局,到1876年雇佣工人2000多名。这些军工企业,经费

---

① 《毛泽东选集》第2卷,第626页。

由清政府供给,产品直接交军队使用,不是商品生产。所以,这些工厂并非资本主义性质的。随着军事工业的出现,提出对于原料和燃料的要求,加之受外货倾销和外资企业利润优厚的刺激,70 年代开始,以"官办"、"官商合办"、"官督商办"的不同形式,创办了一些采矿、冶炼、纺织和交通运输等企业。到 1894 年,这类企业共有 29 个,投资约 1900 万元,雇工约 2 万余人。由于这些企业的一部分或大部分产品,销售于市场而获取利润,故它们基本上是资本主义性质的,但又都带有不同程度的官办工业的封建性和处处依赖外国资本主义的买办性。与此同时,中国民族资本主义的近代工业也开始出现。最早的是机器缫丝业。1872 年,广东商人陈启沅在南海创小继昌隆缫丝厂。10 年后,这类工厂在广州附近发展到 11 家。在上海,从 1882 年后,也陆续建立了几家缫丝厂。比缫丝业晚几年,出现了棉纺织业,随后又陆续创办面粉、火柴、造纸、印刷等企业。在重工业方面,民族资本也开始投资,但经营困难,收效甚微。民族资本的近代企业,在当时的中国代表着新的生产方式,对社会的发展起着推动作用。然而它从一开始就在外国资本主义势力和本国封建势力的夹缝中艰难地发展着,因而速度十分缓慢。从 1872 年起,经过 20 多年的努力,到 1894 年前后,一共开办了 100 多家企业,雇工约 2.7 万至 3 万人。中国资本主义的发展,总趋势是上升的,但又是缓慢的,始终没有成为中国社会经济的主要形式,因为它根本无法摆脱外国资本主义和国内封建主义的钳制。应该说,民族资本主义的发展,在中国政治、文化生活中起了很大的作用。它是中国近现代民主革命的经济基础。因为它发展到一定程度时,必定要在政治上、文化上提出民主的要求,这不能不与帝国主义和封建势力发生冲突,而冲突的最高形式就是革命。当然,由于它的力量很软弱,不可能完成民主革命的任务,因而资本主义生产方式占统治地位的社会也就不可能在中国实现。

中国民族资本主义发生和发展的过程,就是中国资产阶级和无产阶级发生和发展的过程。如果说一部分商人、地主和官僚是资产阶级的前身,那么,一部分农民和手工业工人就成为无产阶级的前身了。中国资产阶级和无产阶级,从封建社会脱胎而来,构成了新的社会阶级。随着民族资本主义的发展,民族资产阶级成长了。他们在政治上的民主要求日益迫切,代表他们政治利益的政党和领袖人物开始活跃在政治舞台上,一场由民族资产阶级领导的革命终于爆发。但是,由于他们的软弱,革命没有完全成功。历史宣判民族资产阶级无力领导中国的民主革命,这一使命只能由无产阶级来承担。于是,由无产阶级的政党中国共产党领导的新的民主革命代替了由资产阶级政党领导的旧的民主革命。可见,民族资产阶级和无产阶级是中国近现代民主革命的阶级基础。当然,无产阶级的历史任务,还包括要在中国实现社会主义和共产主义,因而当民主革命完成之后,它又成为社会主义革命的阶级基础。

上面说的是外国资本主义入侵后,引起中国社会变化的一方面,事情还有另一方面。外国资本主义入侵并非想把中国由封建社会变成资本主义社会,而是要把中国变成他们的殖民地或半殖民地。中国民族资本主义的发展,政治民主要求的增长是与帝国主义的愿望相违背的。所以,他们勾结中国封建势力,尽力阻止中国民族资本主义的发展,镇压民族民主运动,以达到统治中国的目的。其达到目的的手段,首先是军事上的侵略。继 1840 年鸦片战争之后,又发生了 1856 年的第二次鸦片战争、1884 年的中法战争、1894 年的中日战争、1900 年的八国联军战争。帝国主义通过战争打败中国之后,签订了许多不平等条约,如《南京条约》、《天津条约》、《北京条约》、《马关条约》等。根据这些条约,他们得到中国的一部分领土和大量赔款,取得在中国驻扎海军和陆军的权利,以及领事裁判权。他们控制了中国一切重要的通商口岸,并把许多通商口岸划出一部分土地作为他们直接管理的租界。他们还控制了中国的海关、对外贸易和交通事业,为其大量倾销商品提供极其有利的条件。他们通过借款给中国政府,并在中国开设银行,垄断了中国的金融和财政。他们在中国经营了许多企业,直接利用中国的原材料和廉价劳动力,并以此对中国民族工业进行经济压迫,阻碍中国社会生产力的发展。但是,中国是一个大国,哪一个帝国主义国家想一下子把它变成自己独占的殖民地是不可能的,而且各个帝国主义国家都想从中国得到利益,于是便形成几个帝国主义国家各自划分一定势力范围的局面。也正因为如此,帝国主义列强就力图培植中国的反动势力,为其统治中国服务。他们不但利用中国封建地主阶级,而且造成一个买办资产阶级,使这两个阶级成为他们统治中国的支柱。从 1840 年外国资本主义开始,他们先是支持清王朝,接着又支持北洋军阀,最后扶植了蒋介石国民党集团。100 多年间,由于帝国主义和中国封建势力的联合统治,中国始终处于半殖民地半封建社会形态之中,是一个贫困、落后,任人欺辱、宰割的国家。

总之,在半殖民地半封建社会里,一方面,民族资产阶级力求自由发展资本主义和实现民主政治,广大劳动人民希望国家独立富强,个人生活美满,至少能维持生活;另一方面,帝国主义和封建势力残酷剥削劳动人民,压迫民族资产阶级,阻碍中国社会生产力发展。这就形成两个社会基本矛盾,即帝国主义和中华民族的矛盾、封建主义和人民大众的矛盾。这两个社会基本矛盾的尖锐化,不能不引起社会革命的爆发。伟大的近代和现代中国革命,就是在这两个社会基本矛盾的基础上发生和发展起来的。可见,近现代中国革命,导源于社会生产力的发展,导源于生产力与生产关系矛盾的发展。

以上的例子,充分说明只有从生产力与生产关系的矛盾的角度做总体上考察,才能寻找到中国共产党领导下的社会革命发生、发展的根源。这种总体考察贯穿于中国共产党历史的研究体系之中,就能够使人们在这个体系里随时捕捉到解放和发展生产力的足迹。当然,要捕捉解放和发展生产力的足迹,还必须做分阶段的考察。因为在历史发展的不同阶段中,解放和发展生产力的表现形式和达到的程度都不同。像民主革命时期和社会主义时期,在这方面就有很大的不同。分阶段考察的实例,也是极容易例举的。

譬如,1924 年到 1927 年的大革命失败后,中国共产党还要领导中国人民继续进行革命的原因,应该从这次革命没有解决鸦片战争以来造成的两大社会基本矛盾方面去分析,也就是说,继续做总体上的考察。但在研究中或在专著、教材的描述中,所做的分析过于简单,缺乏足够的说服力。当然,也有的专著的分析,是比较深入的,如中共中央党史研究室所著的《中国共产党历史》。这个问题的分析,有个方法问题。不能做纯总体分析,而要结合阶段的具体情况去分析。同时,要在承认抗战爆发前资本主义经济有一定发展的前提下进行分析,而且要把资本主义经济的发展同中国共产党领导的革命联系起来。

从1927年到1937年抗战爆发前,中国社会生产力是有发展的。10年中,在工业方面,总产值由1927年的67.01亿元增至1936年的122.74亿元,增加83.2%。其中,纺织业居首位,纱锭由368.5万枚增至554.6万枚,布机由2.97万台增至5.26万台,分别增长50.5%和76.6%。在交通运输方面,铁路由1927年的1.3万多公里增至1937年的2.1万多公里。在社会经济中,民族资本主义也得到一定的发展,据中国银行1930年度营业报告统计,卷烟、棉织、制帽、制皂、化妆、造纸、机器、针织、调味品、搪瓷、橡胶等11个行业,1929年年度总营业额为1.2亿元,1930年度平均增长20%,营业额增加2400万元。中国银行1931年度营业报告统计,上述各行业又有不同程度的发展。其中,橡胶业1930年增长率为250%,1931年增长率为200%;棉织业1930年增长率为120%,1931年增长率为128%;卷烟业1930年增长率为130%,1931年增长率为115%①。诚然,中国社会经济的发展,不能改变中国落后、贫困的面貌,受多种因素钳制的中国民族资本主义经济的发展也没能改变中国社会的性质。但是,这种发展是至关重要的。它使中国民族资产阶级的社会地位相应提高,使中国民族资产阶级改变现状的要求更加迫切,而蒋介石国民党不能容忍中国民族资本主义的继续发展,不能容忍中国民族资产阶级政治要求的日益扩大。于是,封建的买办的资产阶级与民族资产阶级的矛盾越来越尖锐。这种矛盾只有诉诸武力才能解决。可见,这一阶段由社会生产力的发展而引起的生产力与生产关系的冲突,是1927年大革命失败后继续革命的经济基础。但是,软弱的民族资产阶级无力与封建的买办的资产阶级抗争,没有勇气靠强力解决矛盾。这样,艰巨的任务只能由中国共产党来承担。所以,不能认为1927年以后中国共产党领导的民主革命没有经济基础。这种基础就是新的社会生产力的发展,就是新的社会生

---

① 陈真、姚洛编:《中国近代工业史资料》第1辑,第58、59、61页。

产力与旧的生产关系之间矛盾的发展。这样分析,就能够弄清楚每个具体阶段社会革命的根源。

关于中国共产党领导的社会革命发展的作用,在前边第一个问题的分析中已涉及到。这种作用不但在革命完成后十分明显,就是在革命中的不同阶段结束后也能够看得出来。中国共产党诞生于北洋军阀统治时期,这个时期中现代生产力的发展是中国共产党产生及其与国民党合作领导第一次大革命的基础。那么,为什么社会生产力能够在这个时期的一段时间内得到发展呢?促进这种发展的因素很多,但归根结底是由于辛亥革命结束了统治中国几千年的君主专制制度。辛亥革命虽然没有能改变中国的社会性质,新的政治制度也沦为招牌,而且从中华民国成立到北洋军阀统治覆灭的这段时间里,统治者为了个人、集团的私利互相争夺,连年混战,致使社会发展受到阻碍,可是辛亥革命确是一场惊天动地的社会变革。由于它结束了君主专制制度,就使社会的状况,包括政治、经济结构、思想文化领域以至人们的生活方式、思维方式等都发生了变化,与君主专制时代有很大不同。事实上,辛亥革命对社会生产力发展的作用是很明显的。民国初建的年代里,由于政治结构的变化,形成发展实业的有利局面,加上1914年爆发的第一次世界大战,许多帝国主义国家卷入战争,减少了对中国的商品倾销和资本输出,以及因反对"二十一条"而掀起的抵制日货运动,极大地改善了对外贸易的入超情况,就使中国社会经济得到迅速发展。严中平等编《中国近代经济史统计资料选辑》载:从1912年到1919年,新建厂矿600多家;到1920年,新增资本总额约1.6万亿元。这8年的投资,相当于1912年以前50年间投资的总和。施复亮1932年著《中国现代经济史》一书载:纺织工业1911年有工厂32家,纱锭83.1万枚;1916年有工厂41家,纱锭114.5万枚;1919年有工厂54家,纱锭165万枚。杨大全编《现代中国实业志》载:第一次世界大战期间建立的面粉厂约100余家,并使面粉由入超变为出超。1914年入超200多万担,1920年出超300多万担。一战结束后,虽然帝国主义卷土重来,投资迅猛增加,但民族资本主义工业仍以一定速度向上发展。《中国现代经济史》载:纺织工业1921年有工厂109家,纱锭326.6万枚;

1923 年有工厂 120 家,纱锭 355 万枚;1925 年有工厂 118 家,纱锭 351.9 万枚;1927 年有工厂 119 家,纱锭 368.4 万枚。另据 1934 年《申报年鉴》上的《华商纱厂联合会调查》一文的统计:从 1919 年到 1928 年,华商纱厂的纱锭数在全国纱锭总数中,始终维持在 60% 左右。就是重工业也同样有一定的发展。1918 年全国电力工业有 81 家,到 1924 年则增加至 219 家。从 1911 年到 1927 年,关内本国经营各厂发电设备量约增加 10 倍,东北地区增加约 19 倍。

1924 年到 1927 年的大革命虽然失败了,但对解放生产力起了不小的作用。前边列举了 1927 年到 1937 年抗战爆发前中国社会经济发展的状况,造成这种发展的因素是多方面的,其中最主要的是大革命的功绩。这次革命动员的社会力量非常广泛,给北洋军阀统治以沉重打击。特别是农村的革命,极大地动摇了北洋军阀统治的根基。虽然这次革命没有彻底改变旧的生产关系,但它的打击力极大,打击面极宽,从而使继承旧的生产关系的新统治者不能不变换统治方式,以巩固刚刚建立起来的统治秩序。国民党在全国统治建立之初,比起日益封建专制化的北洋军阀统治,确有一定程度的变化,至少在形式上要收敛些,在表面上做出贴近民主政治的姿态;同时,又采取了一些新的经济措施,刺激了中国商品的出口,减少了外国商品的进口,使社会经济有了一定的发展。这就说明 1924 年到 1927 年的大革命,对社会生产力发展的促进作用。

前边说到,从中华人民共和国成立到 1952 年,中国共产党领导的社会革命,为进行生产资料私有制社会主义改造奠定了基础,其中最主要的是社会生产力的发展。除前边说的工农业总产值的增长外,具体说,主要工农业产品的产量同建国前的最高年产量相比:钢产量 134.9 吨,增长 46.2%;发电量 72.6 亿度,增长 21.8%;原煤 6649 万吨,增长 7.4%;棉纱 361.8 万件,增长 47.9%;粮食(包括大豆)3278 亿斤,增长 9.3%;棉花 2607.4 万担,增长 53.6%。此外,林业、畜牧业、水产业等,也都有很大发展。全国铁路通车线路达 24518 公里;全国 42000 多公里的堤防,大多进行了维修,并开始对淮河流域进行根治。在生产发展的基础上,人民生活得到明显的改善:就业人数逐年增加,全国职工从 1949 年的 800 万人增加到 1952 年的 1580 万人;职工年平均工资到 1952 年已达 446 元,比 1949 年增长 70% 左右;农民平均每户实际收入比 1949 年增长 30% 以上。由此可以看出,在这一阶段,中国共产党领导的社会革命对生产力发展的作用。

对解放和发展生产力的手段或途径的研究,同样是十分重要的。前面说到,马克思和恩格斯在《德意志意识形态》中提醒人们注意不要把历史冲突的真正根源弄错,但并不是说研究"附带形式"不重要。其实,生产力和生产关系的矛盾,通常都是通过其"附带形式"来表现的。从中国共产党历史发展的全过程看,人们经常可以碰到的问题,几乎都是这种或那种"附带形式"。这种"附带形式",统而言之,都可以称之为解放和发展生产力的手段和途径。如民主革命时期,要解放和发展生产力就必须把政权从帝国主义支持下的封建的买办的统治者手中夺取过来。在《德意志意识形态》中,马克思和恩格斯指出:"每一个力图取得统治的阶级,如果它的统治就像无产阶级的统治那样,预定要消灭整个旧的社会形态和一切统治,都必须首先夺取政权"。列宁说得更明确:"一切革命的根本问题是国家政权问题。不弄清这一点,便谈不上自觉地参加革命,更不用说领导革命。"①他还说:"毫无疑问,任何一个革命的最主要的问题都是国家政权问题。政权在哪一个阶级手里,这一点决定一切。"②革命者只有把政权夺到自己手中,才能解放生产力,进而发展生产力。否则,就什么也谈不上。而夺取政权,在中国只能靠长期的艰苦的武装斗争。所以,在民主革命时期,研究武装斗争,研究农村包围城市的革命道路,就应该成为重点。显然,这方面的内容,是解放和发展生产力的主要手段或途径。又如,前边提到农村工作在民主革命时期是个重要方面,是变革封建的生产关系以解放生产力的主要体现。在中国,占人口大多数的农民,长期处于封建地主阶级的剥削和压迫之下,生活十分悲惨,农业生产力十分低下。大多数农民不解放,就谈不上全国人民的解放,更谈不上发展生产

---

① 《列宁选集》第 3 卷,第 19 页。
② 《列宁全集》第 25 卷,第 357 页。

力。所以,民主革命的任务之一就是打倒农村的封建势力,摧毁封建的生产关系,以解放和发展生产力。可见,在民主革命时期,进行土地革命,开展农村工作,解决农民问题,是解放和发展生产力的主要手段或途径。同样,在社会主义时期,农民问题的重要性也是十分明显的。进行生产资料私有制社会主义改造,最重要的是改造农民的个体所有制,因为只有农民问题解决了,民族资产阶级的问题才迎刃而解。党的十一届三中全会以后的改革,就是从农村改革入手的。在农村改革取得相当成就的基础上才开始了全面改革,可见农民问题之重要。

在"附带形式"之中,距离生产力有远近之分。凡能够直接实现解放和发展生产力的手段或途径,就是较近的"附带形式",反之就较远。不能笼统地说,凡不直接实现解放和发展生产力的手段或途径,都不是研究的重点。马克思和恩格斯说的"意识的矛盾"、"思想斗争",与生产力的距离就较远,虽然也是实现解放和发展生产力的手段,但不是直接的。可谁也不会否认"意识的矛盾"、"思想斗争"在党史研究中的重要性。如马克思主义与反马克思主义思潮的斗争,无论在民主革命时期,还是社会主义时期,都是影响历史发展全局的内容。对它的研究,贯彻于党史研究的始终,一直被看作重点。可见,不能简单以与生产力的距离远近,来区分党史研究的重点和非重点。直接实现解放和发展生产力的手段或途径,一般说是研究的重点;不直接实现解放和发展生产力的手段或途径,有研究的重点也有非重点。必须考察某种手段和途径在解放和发展生产力的全局中的地位和作用,才能区分出研究的重点和非重点。

在研究中,由于被研究的重点和非重点问题加在一起,就是研究内容的全部,而社会革命的目的,只有到最后或某一阶段终结才能显现出来。这就容易使研究者往往忘记了解放和发展生产力的总目的,甚至误以为这些重点或非重点问题就是目的,误把这些"附带形式"当作"革命的基础",从而走入马克思和恩格斯所指出的误区。此种情况,在研究中是常见的,如研究者对农村包围城市,武装夺取政权道路的研究很下功夫,写出许多分析相当深刻的文章、专著,使这个问题的研究日益深化。但是,研究者却很少有人把这个问题同解放和发展生产力这一社会革命的根本目的联系起来分析,使人们不能从中了解两者的关系。其实,正因为中国共产党找到了这条革命道路,才彻底解决了鸦片战争以来中国革命无出路的根本问题,保证了把帝国主义支持下的封建的买办的政权夺到人民手中,从而为解放和发展生产力创造了前提;正因为中国共产党找到了这条革命道路,才有了长期存在的革命根据地,才能使社会生产力在民主革命未取得全国胜利之前的部分地区得到解放和发展。又如,研究者对解放战争初期全面内战未爆发之前,解放区加紧自卫战争准备的历史,做过不少研究。这个问题在党史研究中,一般不列为重点。也就是说,它在解放和发展生产力的全局中所占地位并不突出。但是,并不等于说研究这个问题不必考虑社会革命的根本目的。应该看到,在夺取政权达到解放和发展生产力目的的决战时期,解放区加紧自卫战争准备对实现解放和发展生产力这一社会革命的根本目的有着重要的作用。如果没有准备,蒋介石在美帝国主义支持下一旦发动全面进攻,人民革命力量就要大受损失,更谈不上达到解放和发展生产力的目的。有了准备,就避免了因措手不及而受损失,并为随后的军事决战打下基础。不仅如此,由于准备的内容包括减租和生产运动,因而既在经济上巩固了解放区,支援了前线军队作战,也使生产力得到一定的解放和发展,为解放区的经济建设,特别是土地改革进一步解放和发展生产力做好准备。可见,在党史的研究中,无论是研究重点问题,还是非重点问题,都应该把握住解放和发展生产力这一社会革命的总目标,以此为指导,提高研究水平。

对解放和发展生产力的手段或途径的研究,应该注意扩大范围,使一些以往不大注意的与解放和发展生产力有关的问题纳入研究领域。如中共领导集团对解放和发展生产力的认识与贡献、人文社会科学工作者对解放和发展生产力的认识与贡献、自然科学工作者对解放和发展生产力的认识与贡献、社会各行业对解放和发展生产力的作用与贡献、社会各阶级阶层对解放和发展生产力的作用与贡献,等等。像妇女问题和妇女运动在党史的研究,给予的注意是极小的。其实,妇女在社会中的地位和作用十分重要。妇女解放程度直接反映社会生产力解放的程度,而解放和发展生产力的过程又必须依靠妇女的参加。在反帝反封建的以解放生产力为主的民主革命时期,一方面妇女的解放是反封建的重要内容,另一方面妇女的参与是革命的不可缺少的支柱。在五四运动时期,思想界的重要议题之一就是妇女解放问题。当时的共产主义知识分子虽然还不能认识到妇女在解放和发展生产力中的作用,但已开始依据他们掌握的马克思主义理论把妇女解放的问题同无产阶级的解放联系起来。在抗日战争和解放战争中,抗日根据地和解放区的妇女在解放和发展生产力中的作用极其明显。1940年2月,毛泽东在看过中央妇委一份报告后复信说:"妇女的伟大作用第一在经济方面,没有她们,生产就不能进行"。1943年2月26日《解放日报》发表的由毛泽东审改的中共中央《关于各抗日根据地目前妇女工作方针的决定》中说"广大妇女的努力生产,与壮丁上前线同样是战斗的光荣任务,而提高妇女的政治地位、文化水平、改善生活,以达到解放的道路,亦须从经济丰裕与经济独立入手。多生产、多积蓄,妇女及其家庭的生活都过得好,这不仅对根据地经济建设起重大的作用,而且依此物质条件,她们也就能逐渐挣脱封建的压迫了"。此后,以纺织为中心的妇女生产运动在各根据地开展起来,对生产力的发展起了重要作用。全国妇联编写的《中国妇女运动史》中使用的以下材料很能说明问题:如华中根据地的纺织生产迅速普及,江苏的涟水县仅1944年7月至8月,就增加纺车1424架;淮北9个县原来一架纺车也没有,经过两年的发展,到1945年,共有纺车7万余台,织布机3500台。据统计,华中根据地共发展纺车165万架,织布机8400台。1944年底,根据地军需民用布匹全部实现自给,粉碎了敌人的经济封锁。再如到抗战胜利前,民间纺织队伍有很大发展,陕甘宁边区有纺妇、织妇约2.2万余、太行24万、晋西北13万、山东120万。依靠这支队伍,各根据地军需民用布匹基本能自给,八路军战士都穿上了解放区生产的草绿色细布军服。全国解放战争时期,解放区广大妇女积极参加土地改革运动,对推翻封建的土地制度,解放生产力起了重要作用。在斗争中,妇女的特殊作用是男子难以代替的。如妇女比较细心,在没收土地浮财,特别是金银细软时,能首先侦察出地主的财产。又如,妇女可以利用女性的方便条件,做地主家妇女的工作,分化地主家庭中不属于剥削分子的妇女,推动土改工作的顺利工作。以上材料说明,像妇女问题和妇女运动,从解放和发展生产力的角度来看,在党史研究中应该给予相当的地位。扩大范围以反映解放和发展生产力的内容,不那么容易,需要仔细研究。

第三,应该注意在党史研究中,要以解放和发展生产力为标准,衡量政党、集团和个人的历史作用,评判历史事件的性质、作用和意义。

前边引用毛泽东在《论联合政府》中说的话,就是这个意思。关于政党、集团、个人的历史作用问题,后面还会论述到,这里就暂且不说了。对历史事件的评判,以往的研究多从微观角度考察,这当然是必要的,但不能揭示事件的本质。因此,需要从宏观的角度分析,即以解放和发展生产力为标准。就是说,要分析某一事件的发生,与解放和发展生产力需求的关系,而这一事件的发展和结局,对解放和发展生产力又起了什么作用。不过,这里讲的是对党史中重大事件的研究,至于对历史过程中许多细节的分析则不必硬扯到解放和发展生产力的高度上。像中国共产党这个现代化政党的诞生,就要从解放和发展生产力的角度分析。首先,它是在中国社会生产力发展到一定程度的产物。从上面分析别的问题所引用的材料可以看出,到中国共产党诞生前,新的现代化的社会生产力确有较大发展,作为共产党的阶级基础现代产业无产阶级也有了较大发展。其次,中国资本主义的发展迫切要求解放和发展生产力,而中国的资产阶级及其政党无力完成这个任务,只能落到无产阶级及其政党身上。以上两点说明,中国共产党产生的经济基础是极其清晰的,故而称作应运而生。再次,中国共产党的产生,开辟了中国近代历史发展的新阶段,使解放和发展生产力这一社会革命目标的实现具备了前提条件。中国共产党以马克思主义为指导,从而能认识到在中国只有实现社会主义和共产主义,才能达到解放和发展生产力,使人民过上幸福的共同富裕生活的目的。这个问题,在中国共产党成立前,早期的共产主义者与敌对思潮的鼓吹者争论时就十分明确,中国社会生产力的发展,必须以社会主义为前提。李大钊说过:"不少人认为要实行社会主义,必须首先着力于发展实业,以开发全国的事业,增加富力,从而使一般人尤其是广大的下层农民富裕起来,认为这是最稳妥和最好的方法。然而我的想法却与此相反,我认为要在现存制度下发展实业，只能越发强化现在的统治阶级而迫使下层农民为少数的统治者阶级付出更多的劳动。"①怎么办呢？"中国实业之振兴，必在社会主义之实行。"②在此基础上，中国共产党成立后还进一步认识到，只有先进行民主革命，再进行社会主义革命，才能达到解放和发展生产力的目的。这就使鸦片战争以来，中国革命的先驱者为之努力奋斗而始终没有成功的事业继承下来，并带来胜利的希望。再如，前边所说的妇女问题与妇女运动，在以往的党史研究中也不是一点没有，问题是分析不是从与解放和发展生产力的角度出发。1950 年 5 月 1 日开始施行《中华人民共和国婚姻法》，可算中国妇女运动史上的一件大事。对这件事情分析，多从保护妇女和子女合法权益，男女平等等方面说明其意义，这当然是对的。吴序光、周鸿主编的《中国革命史》说："婚姻法公布施行后，使广大人民特别是妇女开始享有婚姻自主的权利，民主和睦、团结互助、爱护子女、勤劳生产的幸福家庭在广大城乡逐步建立起来。"这些话说得都很好，但没有"到家"。关于婚姻法的施行，首先应该说是社会生产力解放的结果，其次要说是社会生产力进一步解放和发展的需求。这样，才能使人弄懂婚姻法的施行在解放和发展生产力中的地位和作用。

　　以上所列几点，大体上说明解放和发展生产力是社会革命的最终目标这一唯物史观的重要命题，与中共党史学主体部分的关系。至于它与中共党史学其他部分的关系，亦应引起重视，因为这对党史学的发展有很大影响。作为党史学的重要组成部分的文献学、史料学，也应为其主体部分的研究体现解放和发展生产力这一核心内容服务。这就是说，文献学、史料学应该着重研究如何收集、整理有关解放和发展生产力方面的史料。对此，以往重视的是有关解放和发展生产力的手段或途径方面的内容，而不很重视有关解放和发展生产力的直接材料。不但在有关文献学、史料学的讲义、文章、专著中，很少用这方面的实例去说明收集、校勘、考据、编辑、注释等基本问题，而且在编辑成册的资料书中也很少有这方面的内

---

① 《李大钊文集》(续)，第 9 页。

② 《李大钊文集》(下)，第 446 页。

容。仅就考据学来说，许多这方面的史料，要下相当大的功夫。因为不少关于生产力情况的统计材料出入很大，到底哪些材料是准确的或接近准确的，需要经过考证之后定下来，以便于使用。否则，得出的结论，很难说服别人。又如，由于编辑成册的资料书中很少有这方面的内容，所以像张注洪的《新民主主义革命史研究述略》这样有用的书就介绍不出来有关直接反映解放和发展生产力的资料。当然，也不是说，这方面的资料书一点没有，而且有些资料书还是很有用的，如《中国近代工业史资料》、《中国近代农业史资料》等，可惜在党史研究中使用得很不充分，甚至出现使用不当的情况。

既然解放和发展生产力是党史的核心内容，那么，在中共党史学史中，也就应该以此为标准考察史家、史著、流派、思潮的地位、作用和价值。在已有的党史方面的研究文章、著作中涉及解放和发展生产力的手段和途径的是多数，这自然无可非议，问题是作者未必意识到自己的研究与解放和发展生产力这一社会革命总目标的关系。至于直接研究解放和发展生产力的文章、著作，就更少见了。这样，中共党史学史在评价史家、史著、流派、思潮时，以解放和发展生产力为标准就会发生困难。当然，不能因为这样，就对以往的研究持否定态度。因为以往的研究着重于解放和发展生产力的手段或途径方面的内容，只是在评价时指出它应该如何与解放和发展生产力这一社会革命总目标联系起来。另外，也应该看到，人的认识总是不断发展的，新的认识要以过去的认识为基础和借鉴。如果对新的认识有了共识之后，人们自会在以往的研究基础上，从新的角度继续做研究，取得新的成果。我和唐曼珍主编的《中共党史学史》虽然做了点开创性工作，但由于我当时尚未认识到解放和发展生产力是党史的核心内容，所以也没有从这个角度要求写作者去评判以往的研究史和研究者的成果。如果我再写中共党史学史方面的文章和著作，就一定会从新的角度下功夫。其实，过去的研究成果中，也有比较注意生产力问题的，像张闻天的《中国现代革命运动史》就用了不少的篇幅从生产力的发展和生产关系对生产力发展的阻碍的角度分析革命的根源。中共党史学史应该对这类著作，进行认真研究和介绍。

　　总之,我提出来的是个新问题,能不能得到党史界同仁的认同,实在没把握。我的想法比较简单:既然唯物史观把解放和发展生产力当作社会革命的总目标,而中国共产党领导的新民主主义革命、社会主义革命和社会主义现代化建设就是一场伟大的社会革命,那么,解放和发展生产力自然成为其核心内容。对此,可能有些研究者想不通,特别是对新民主主义革命时期的研究想不通。我并不想把自己的认识强加给别人,只是想请研究者认真思考一下。不同的意见、看法应该进行争论,那样,也许会使人们的认识更接近一些,以利于研究。

二

社会现代化与党史学

1991 年,在庆祝中国共产党 70 周年诞辰时,我发表了《中国共产党与社会现代化》,开始对社会现代化问题做些研究。我以为这是一个非常重要的问题,特别是它与中共党史的研究有极为密切的关系。当然,我的研究仅仅是开始,成效不大。下面的一些说法,是否确切和恰当,尚待进一步研究。

"社会现代化"这个概念在世界上流行开来,是第二次世界大战之后的事,所以,要在马克思、恩格斯、列宁的著作中寻找有关的论述是不可能的。但是,马克思主义唯物史观早已预见到人类社会发展的前景,这就是要向生产力高度发展的共产主义社会迈进。恩格斯指出:"在人类历史的初期,发现了从机械运动到热的转化,即摩擦生火;在到目前为止的发展的末期,发现了从热到机械运动的转化,即蒸汽机。而尽管蒸汽机在社会领域中实现了巨大的解放性的变革——这一变革还没有完成一半,——但是毫无疑问,就世界性的解放作用而言,摩擦生火还是超过了蒸汽机,因为摩擦生火第一次使人支配了一种自然力,从而最终把人同动物界分开。蒸汽机永远不能在人类的发展中引起如此巨大的飞跃,尽管在我们看来,蒸汽机确实是所有那些以它为凭借的巨大生产力的代表,唯有借助于这些生产力,才有可能去实现这样一种社会制度,在这种制度下不再有任何阶级差别,不再有任何对个人生活资料的忧虑,在这种制度下第一次能够谈到真正的人的自由,谈到那种同已被认识的自然规律相协调的生活。"①恩格斯的意思很明确,随着人类社会生产力的日益提高,达到相当的程度,就能够实现"从必然王国进入自由王国的飞跃"②。按照马克思和恩格斯的设想:"在共产主义社会高级阶段上,在迫使人们奴隶般地服从分工的情形已经消失,从而脑力劳动和体力劳动的对立也随之消失之后;在劳动已经不仅仅是谋生的手段,而且本身成了生活的第一需要之后;在随着个人的全面发展生产力也增长起来,而集体财富的一切源泉都充分涌流之后,——只有在那个时候,才能完全超出资产阶级法权的狭隘眼界,社会才能在自己的旗帜上写上:各尽所能,按需分配!"③达到马克思和恩格斯所设想的未来社会,也就是实现了人类社会的现代化。

对于"现代化"的内涵,国内外学者历来有不同的解释。有本资料书,叫《从"西化"到现代化》,由北京大学的罗荣渠主编。此书选编了1919年到1949年4次大论战的文章,对研究"现代化"问题很有用。从这本书中可以看到,在中国,使用"现代化"这个概念,开始于20年代到30年代初。1929年,胡适在《文化的冲突》中,正式使用了"现代化"的概念。此后,这个概念逐渐用开来。1933年7月,《申报月刊》第2卷第7号上,发表"中国现代化问题号"特辑,把中国现代化问题作为当代中国发展的总问题提出进行讨论。30年代,还进行了中国本位还是全盘西化、以农立国还是以工立国的争论。此后,对"现代化"虽无大型讨论,但这个概念还不时见于人们的文章中。在上述的一些讨论中,人们对中国的"现代化"发表了各种各样的看法。下面抄录几条:

张素民的《中国现代化之前提与方式》中说:"今日的人与物,如果真比从前的好,那就现代化了。否则还是没有现代化,这是现代化广泛的意义。但就国家社会言,现代化即工业化(industrialization)。""至于政治是不是要民主,宗教是不是要耶稣,这与现代化无必然的关系。""我以为中国现代化的方式,即是用政府的力量,行大规模的工业化,并对于私人企

---

① 《马克思恩格斯选集》第3卷,第154页。
② 《马克思恩格斯选集》第3卷,第323页。
③ 《马克思恩格斯选集》第3卷,第12页。

业随时节制。"

董之学的《中国现代化的基本问题》中说:"中国现代化的问题,不论它表现于哪　方面,总要归结到中国生产力的发展"。该文主张实现"现代化"的途径,是"非资本主义的发展"。

罗吟圃的《对于中国现代化问题的我见》中说:"打倒帝国主义和变革内在的社会组织是救中国,使中国具有现代化的可能性的先决问题。""使中国现代化,最急需的是在整个地实行社会主义的统制经济和集体生产。"

唐庆增的《中国生产之现代化应采个人主义》中说:"欲使中国现代化,以采用私人资本主义为宜。"

胡适的《建国问题引论》中说:"中国的现代化只是怎样建设起一个站得住的中国,使她在这个现代世界里可以占一个安全平等的地位。问题在于建立中国,不在于建立某种主义。""我们只有一条路,就是认清了我们的问题,集合全国的人才智力,充分采用世界的科学知识与方法,一步一步地作自觉的改革,在那自觉的指导之下一点一滴的收不断改革之全功。"

胡秋原的《中国文化复兴论》中说:"所谓现代化不是别的,就是工业化、机械化的意思,就是民族工业化的意思。""忘却中国文化之真精神,反而为许多末学所绊住",所以,要"发扬民族精神"和"发展科学技术"。

陈序经的《全盘西化的理由》中说:"我们的唯一办法,是全盘接受西化。""西洋文化在今日,就是世界文化。我们不要在这个世界生活则已,要是要了,则除了去适应这种趋势外,只有束手待毙。"

从以上一些引述看,有人很明确主张"现代化"就是"西化"、"资本主义化",有人含糊其词,也有人反对。

在国际学术界,对"现代化"概念的说法,更是多种多样。下面也抄录几条:

布莱克的《现代化的动力》中说:"现代化"是"反映着控制环境的知识亘古未有的增长,伴随着科学革命的发生,从历史上发展而来的各种体制适应迅速变化的各种功能的过程"。

亨廷顿的《变革社会中的政治秩序》中说:"现代化是一个多方面的变化过程,它涉及人类思想和活动的一切领域。"

张灏的《危机中的中国知识分子》中说:"现代化"是"一种通过合理安排人们人格、技术、制度,来控制人类环境的运动"。

罗兹曼的《中国的现代化》中说:"我们把现代化视作各社会在科学技术的冲击下,业已经历或正在进行的转变过程。""所谓走向现代化,指的是一个从农业为基础的人均收入很低的社会,走向着重利用科学和技术的都市化和工业化社会这样一个巨大转变。"

以上这些看法,有的很费解,原因是外国人说话不如中国人明白,比较啰唆,特别是有人专爱说些老百姓难懂的话,以显示其学问高深。所以,对这些话要好好琢磨。我仔细想了想,悟出这些话有一个共同点,即他们说的"现代化"不包括美国、日本这样的国家。换句话说,像美国、日本这样的国家,已经"现代化"了,是其他国家实现现代化的样板。当然,不能否认也确有不少国外学者对美国、日本这样的国家经常表示抱怨和不满。在西方学者中对"现代化"的解释,有没有说得坦率一点的呢?有,如列纳尔在《国际社会学百科全书》中说:"现代化"是个"老过程的流行用语——此即低开发到更开发社会所获得的共同特征的社会变迁过程"。"在帝国主义时代,我们说印度是'英吉利化',越南是'高卢化'。继而区域性的名改称'欧化'。二次世界大战使欧洲帝国萎缩与美国势力传播,常有人愤怒的说到欧洲之'美国化',说到其余世界时,则为'西化'。战后岁月觉得此词太区域化……于是有'现代化'术语。"这就很明白了,"现代化"就是"欧化"、"西化"、"美国化",当然也就是"资本主义化"。

近些年来,"现代化"成了中国政治界、学术界谈论的热门话题,这主要是因为中国共产党提出了在中国实现社会主义现代化的任务。于是,发表此类文章众多,翻译国外有关著作亦不少。这是好现象,反映了人们的关心,也开阔了人们的眼界,增加了许多新的知识,并提出了不少有益的见解。不过,在这中间,也混杂了宣传"现代化"即"西化"、"资本主义化"的主张。李泽厚在《关于儒学与"现代新儒学"》中说:"未来的道路应是社会存在的本体(生产方式、上层建筑和日常现实生活)和本体意识(科技思想、意识形态)的现代化(它源于西方,如马克思主义)和中国的实际(包括儒学作为中国文化心理的客观存在这个实际)相结合"。这个命题被概括为"西体中用"。在此处,作者没有说明"西体"就是"资本主义",但在另一篇文章《论西体中用》中却说"现代化则主要是个人竞争,优胜劣败"。这种解释,就使作者的"现代化"难逃"资本主义"之嫌。也有的文章,在研究"现代化"时,总想避开"资本主义"和"社会主义"的字眼,写起来很吃力,说不清楚,别人看起来也费解。

看来,应该对"现代化"进行科学的解释,这就需要求助于马克思主义。中国学者必须摆脱出主张"现代化"即"资本主义化"的西方学者已经划好的框框,按照自己的路数走。不要跟着人家的屁股后面转,在别人的理论下边做注脚。因为这样很难转出圈子去,转不好就背离了马克思主义,背离了社会主义。有人怕不搭界,其实没关系。西方学者自有他们的世界观和研究方法,他们爱说什么就说什么,我们管不着。中国人的脑袋自有好用之处,并不比别人差。我们尽管站在无产阶级立场上,用马克思主义的理论和方法去研究,得出自己的结论。当然,对于西方学者研究的一切好的、有用的成果都应该注意吸收。

用唯物史观解释"现代化",非常重要的一条:不能离开关于人类社会最终要走向共产主义的观点。就是说,资本主义制度必然灭亡,社会主义制度必然胜利,共产主义必然到来,要在这个前提下研究"现代化"。

用唯物史观研究"现代化"问题,应该认识到"现代化"表现为社会的物质生活和精神生活的各方面的先进状态。如果把它作为历史范畴,按照社会发展阶段看,后一种社会形态总要比前一种社会形态先进,这就没有太大意义了。因此,这里所说的"现代化"是特定含义的概念,所指为工业革命以来的整个世界变革的过程。这种变革,不是仅指社会的某一方面,而是社会整体,即从经济、政治、文化到社会生活诸方面。这就是说,只有整个社会都是先进的、发达的,才能说是达到"现代化"。所以,应该称之为"社会现代化"。社会现代化不是单纯的"技术革命"、"工业革命"、"政治革命"、"文化革命",而是"社会革命"。它是一个相当长的社会变革过程,始于封建社会末期,经过资本主义阶段、社会主义阶段的相续发展,到共产主义社会臻于完善。据此,可以说,目前世界上还没有一个国家达到现代化。当然,世界是复杂的,各个国家的发展极不平衡。所以,在整个世界的社会现代化进程中呈现出多样情况。有的国家在工业及其他许多领域已相当先进,但在社会制度上以及与之相适应的许多领域里是落后的。如美国、日本这类国家,从今天世界的生产力发展水平来看,可以说是最高的,与此相适应的科学技术水平和能力、经济管理、社会管理,以及某些文化领域都达到很高的发展程度。但是,这类国家在社会制度、社会平等、社会精神文明等方面,用马克思主义的观点来看,不但没有达到现代化的程度,而且是相当落后的。另外,即使从生产力方面看,这类国家也并不是发展到顶点,而仍然要随着科学技术的发展不断提高。所以,所谓"现代化"即"西化"、"美国化"、"资本主义化",把美国、日本当"现代化"样板的说法,纯属无稽之谈。有的国家在社会制度以及与之适应的许多领域里是先进的,而社会生产力很低,以至在工业及其他领域中还很落后。也有不少的国家从整个社会来说,无论哪些方面,都处于相当落后的状态。可见,各个国家社会现代化的任务不尽相同。但无论如何,社会现代化是人类历史发展的趋势,一切国家都沿着这条道路前进。

唯物史观认为,社会现代化的基础,是生产力的高度发展。没有现代社会生产力的发展,就不会有现代政治制度、现代社会组织和现代价值观念的发展。当生产力的发展受到生产关系阻碍时,社会就停滞;而生产关系对生产力起推动作用时,社会就前进。可见,生产力的发展或不发展,对社会的发展或停滞起着决定性的作用。因此,一个现代社会要实现社会现代化,就必须解放和发展生产力,否则社会现代化必成泡影。社会生活任何一个方面的现代化,都要以生产力的解放和发展为基础,为前提。如发展教育事业,欲使之达到现代化,一步也离不开生产力的解放和发展。在旧中国,由于反动统治者束缚生产力的发展,使生产力发展程度极为低下,教育事业现代化根本无从谈起。只有打倒反动统治者解放了生产力,才能为教育事业的现代化开辟道路。在新中国,生产力发展,教育事业也随之发展。但 1957 年下半年以后的 20 年里,由于生产力的发展受到阻碍,教育事业的发展也处于停滞状态。特别是"文化大革命"中,还出现了倒退现象。这说明,生产力的发展与否,直接制约着教育事业的发展或停滞。社会生活其他方面亦如此。同时,如果作为社会现代化主体的人没有现代化意识,社会生活诸方面的现代化的实现也是不可能的。而现代化意识的形成,只有以生产力的发展为基础。在生产力发展程度极为低下的情况下,人们不会有现代化意识。总之,只有生产力得到解放并达到高度发展,社会生活诸方面的现代化才有可能。由此出发,就决定了在社会现代化过程中,社会生活诸领域的发展,都要以解放和发展生产力为中心,都要为解放和发展生产力服务。社会是个复杂的机体,各领域对社会发展有不同的作用,而其自身现代化的途径、手段均各有特殊性。如果社会生活诸领域,只强调自身的特殊性,不以解放和发展生产力为中心,不主动为解放和发展生产力服务,那么其自身的现代化也就难以实现。但是,这只是事情的一个方面,事情还有另一个方面,即生产力的发展,经济的增长既不可能孤立地实现,也不能代替社会生活其他方面的现代化,一定要相互协调发展。如果生产力的发展,不与社会生活其他方面的变革并行,也会出现麻烦。即使由于某种特殊原因,一些国家经济增长很快,国民生产总值很高,而社会生活其他方面却十分落后,也不能排入社会现代化发展程度高的行列。

那么,唯物史观关于社会现代化的理论与中共党史学的关系是什么呢?我以为,以下几点是很重要的。

第一,应该认识到中国共产党历史发展的过程,也就是实现中国社会现代化的过程。此点也应纳入党史研究对象的表述中。

前面提到过,中国在 18 世纪中叶以后,逐渐被挤出世界先进行列。也就是说,欧洲一些国家已开始进入社会现代化的过程,而中国仍然处在以落后的小农经济为基础的封建社会。这样,中国就成为资本主义列强侵略的对象。1840 年鸦片战争后,中国逐渐沦为半殖民地半封建社会,处于被动社会现代化状态,这就使实现中国社会现代化的任务变得十分艰巨。中国的资产阶级及其政党没有也不可能完成这个任务,只有由中国无产阶级及其政党来担当。所以,中国共产党历史发展过程,也就是实现中国社会现代化的过程。实现社会现代化的前提,是解放和发展生产力,从而使中国共产党把为解放和发展生产力,实现社会现代化作为自己的奋斗目标。这样,在本书第一个问题中提出的党史研究对象,理所当然应该补充为:中国共产党历史研究的对象,是中国共产党为解放和发展生产力,实现社会现代化而奋斗的历史发展全过程。

那么,应该怎样认识中国社会现代化的全过程呢? 这个全过程可以分为两个大的阶段:变被动社会现代化为主动社会现代化阶段、主动社会现代化阶段。第一个阶段由 1840 年开始到 1949 年结束,分为新旧民主主义革命两个大的时期,而每个大的时期又分为若干小的时期。中国共产党领导的新民主主义革命时期的第一个小的时期从 1919 年到 1927 年,可称作重要转折期。其主题和历史内涵包括:(1)辛亥革命一役虽然使中国社会前进了一大步,但革命后人们情绪处于低落状态。作为新旧民主主义革命中介的五四运动,为先进分子增强现代化意识,推进社会现代化进程开辟了新的道路。随后兴起的国民革命,重新打开革命局面,并一直持续到 1949 年。(2)出现了新的现代化政党中国共产党,并通过宣传和实际行动开始在群众中造成一定影响,开始在政治领域中占有一定地位,为以后领导中国人民完成变被动社会现代化为主动社会现代化历史任务打下基础。(3)国共两大现代化政党合作,以武装斗争形式反对北洋军阀统治,是变被动社会现代化为主动社会现代化过程中夺取政权的再尝试。

第二个小的时期从 1927 年到 1937 年,可称作曲折发展期。其主题和历史内涵包括:(1)由于国民党的政治转向,国共两大现代化政党合作破裂,并形成尖锐的军事对峙局面,使变被动社会现代化为主动现代化的进程受到严重挫折。(2)中国共产党独立承担起变被动社会现代化为主动社会现代化的历史任务。由于国民党要消灭共产党,所以共产党的当务之急是争取生存。经过艰苦斗争,到 1930 年基本上站住了脚。中国共产党不但扩大了自身组织,而且有了相当数量的武装力量,占领中国的一部分地区,并通过建立政权,开展土地革命,赢得了群众的拥护和信任。

由于对国民党的不满,部分群众则把希望寄托在共产党身上。从 1931 年开始,中国共产党在为动员全国人民团结一致,抵抗日本帝国主义侵略的过程中,表现出一切从民族利益出发的言行,给不甚了解共产党的群众留下深刻的良好印象,改变了因国民党反动宣传造成的错误看法,加上长征所起的巨大的宣传作用,中国共产党在群众中的政治影响与以前大不一样了。这就为中国共产党独立承担变被动社会现代化为主动社会现代化的历史任务,创造了极为有利的条件。同时,中国共产党克服了自己的"左"倾错误,积累了丰富的实践经验,进行了理论概括和总结,把马克思主义与中国的具体实际结合起来,形成了指导中国社会现代化的理论——毛泽东思想。这样,由中国共产党独立领导的变被动社会现代化为主动社会现代化的历史进程,开始步入正轨。(3)国民党投靠帝国主义和封建势力,成为变被动社会现代化为主动社会现代化的阻力。但是,在国民党统治区内,上至国民党内的有识之士、知识界,下至一般群众,都在各自的不同岗位上,对社会现代化做出不同程度的贡献,促进着变被动社会现代化为主动社会现代化历史进程,并为实现主动社会现代化后的现代化建设奠定了一定的物质和文化的基础。

第三个小的时期从 1937 年到 1945 年,可称作兴亡关键期。其主题和历史内涵包括:(1)由于日本帝国主义的侵略,大片国土丧失,广大人民沦为奴隶,整个民族面临灭亡的危机,使变被动社会现代化为主动社会现代化的历史进程处于停滞状态。(2)国共两党再度合作,和全国人民一道,抗敌御侮,挽救民族危亡,给完成变被动社会现代化为主动社会现代化历史任务创设前提条件。国共合作抗日局面的形成,是中国共产党努力推动的结果。但在抗日战争中,国民党领导集团不断挑起与共产党的矛盾,并表现出向敌人妥协投降的倾向。这直接威胁着抗日民族统一战线的保持,关系着民族的兴亡。中国共产党正确处理民族矛盾和阶级矛盾的关系,同国民党的反共投降活动进行了有理有利有节的斗争,保持和发展了抗日民族统一战线,赢得了抗日战争的胜利。(3)抗日战争开始时,全国多数人把胜利希望还是寄托在国民党身上,因为它掌握着全国政权,拥有庞大的军事力量和经济力量。可是,随着时间的推移,情况慢慢发生变化。中国共产党在敌后开展游击战争,创建抗日根据地,打击日本帝国主义军事力量,影响面越来越大。特别在处理国共关系上,人民自有公论。国民党那一边,开头在抗战方面表现比较积极,做出了一定贡献。但以后一天不如一天,它的领导集团消极抗日,积极反共,排除异己,压制民主。特别是从上到下的腐败,政府、军队利用权力投机倒把,堕落的文化生活充斥社会,使人民从希望变成了失望、不满以至反抗。所以,在整个抗日战争的过程中,中国共产党自身的力量不断加强,拥护共产党的力量不断增加,包括过去不赞成共产党的人也不得不另眼看待了;而国民党的力量不断削弱,拥护国民党的力量越来越少,包括仍不赞成共产党的人也对国民党表示不满。人心所向,大势所趋,就成为抗战胜利后国民党在很短时间内被共产党和人民群众打败,完成由被动社会现代化向主动社会现代化的转变的基础。(4)在此期间,中国社会现代化理论——毛泽东思想,完成了新民主主义理论体系的构建。它不仅指导抗日战争取得胜利,而且指导着完成由被动社会现代化向主动社会现代化的转变,建立新民主主义社会,准备开展社会主义现代化建设等诸方面的实践。(5)在中国共产党领导的抗日根据地军民大力从事生产,使生产力得到一定程度的发展,同时文化建设也有所进展。这不但在当时为打败日本帝国提供了物质力量,而且对后来的现代化建设极为有利。在国民党统治区,经济、文化方面的建树,也起了应有的作用。全国人民在各自的岗位上,为民族的振兴贡献了力量。

第四个小的时期从 1945 年到 1949 年,可称作完成转变期。其主题和历史内涵包括:(1)打败日本帝国主义之后,国民党仍企图消灭共产党,以独霸中国,故而和平谈判难达目的。破裂后,重新形成国共两党对立局面,全面内战爆发。中国共产党领导全国人民经过艰苦奋斗,终于打败蒋介石国民党,结束了帝国主义和封建势力在中国的统治,建立了中华人民共和国,完成了由被动社会现代化向主动社会现代化的转变,使中国社会生产力得到大解放。(2)中国共产党在夺取全国政权的斗争中,自身日益壮大,更加成熟,全国人民对其认识也更加清楚。人民革命的胜利,终于使共产党被公认为全国各族人民的领导核心,毛泽东被公认为中国共产党和各族人民的伟大领袖,毛泽东思想被公认为中国共产党的指导思想。(3)中国共产党领导的日益扩大的解放区军民,大力从事物质的生产和文化方面的建设,不仅支援了战争,而且积累了有益于治国的经验,并为社会现代化建设奠定了一定基础。国民党统治区虽然日益缩小,破坏大于建设,但不同岗位上的人们仍有不同建树,这对建国后的社会发展仍然是有益的。

中国社会现代化的第二阶段由1949年至今,分为社会主义现代化建设准备和开展两个大的时期,后者又分为探索道路和步入正轨两个小的时期。社会主义现代化建设准备时期从1949年到1956年,其主题和历史内涵包括:(1)中国共产党要实现的社会现代化,是社会主义现代化,但新民主主义革命胜利建立起来的只是新民主主义社会。因此,要进行社会主义现代化建设,必须做好各方面的准备工作,即解决新民主主义革命遗留任务,恢复和发展国民经济,改造生产资料私有制,在全国范围建立社会主义制度。(2)中国共产党制定了适合中国特点的社会主义改造的理论、路线和方针政策,创造性地开辟了一条适合中国情况的社会主义改造道路,使几亿人口的大国在建国后7年内顺利实现了复杂而深刻的社会变革。它基本上消灭了以生产资料私有制为基础的剥削制度,建立了以生产资料公有制为基础的社会主义经济制度。同时,避免了经济下降、社会动荡,促进了工农业生产和整个国民经济的发展,社会秩序安定,人民精神振奋。这一切,为开展社会主义现代化建设做了充分准备。(3)广大人民在社会政治、经济、文化等各个领域中,做出了不同的贡献,为社会主义现代化建设创造了重要的物质的和精神的基础。

社会主义现代化建设开展时期的第一个小的时期从1957年到1978年,其主题和历史内涵包括:(1)在社会主义制度的前提下,以毛泽东同志为主要代表的中国共产党人,开始探索社会主义现代化建设途径。他们力图摆脱苏联的模式,创出一条适合中国情况的社会主义现代化建设道路。这种探索在某些方面取得了一定的成绩,积累了宝贵的经验,对社会主义现代化建设在后来步入正轨是有益的。(2)20年中,由于"左"倾错误,致使中国社会主义现代化建设始终没有步入正轨,社会处于停滞状态,生产力没有多大发展,人民生活没有多大改善。特别是"文化大革命",造成整个社会的巨大损失。这在人们的思想深处,在人们的心理上,在人们的道德标准上所留下的阴影,一时难以消除。(3)20年中,社会主义现代化建设虽未步入正轨,但全国人民由于盼望国家富强,相信社会主义能够救中国,都努力在自己的岗位上工作,做出了不同的贡献。这些不同领域的具体成果,对社会主义现代化建设都是有用的。

社会主义现代化建设开展时期的第二个小的时期从1979年到现在,其主题和历史内涵包括:(1)1978年底召开的党的十一届三中全会,使中国社会主义现代化建设道路发生重大转折。这次会议从根本上结束了"左"倾错误路线长期干扰的历史,端正了党的指导思想,重新确立了马克思主义的思想路线、政治路线和组织路线,使中国共产党领导的社会主义现代化建设呈现出新的局面。(2)邓小平总结20年中国社会主义现代化建设道路的经验教训,认定在中国建设社会主义,就是要发展生产力,逐步发展中国的经济。为此,必须从中国的实际出发,以马克思主义为指导,走自己的路。坚持以经济建设为中心,不走搞政治运动的路;坚持四项基本原则,不走资本主义的路;坚持改革开放,不走苏联僵化的路,而要走有中国特色的社会主义现代化建设的道路。建设有中国特色的社会主义理论的提出,使中国社会现代化理论发展到了新的阶段,并指导中国的社会主义现代化建设步入正轨。这一理论,在实践中不断丰富,逐步形成体系。(3)改革开放的十几年来,中国社会主义现代化建设在各个领域中取得巨大成绩,社会生产力有了进一步的解放和发展。全国人民为此而做出的贡献,虽有大小之不同,但均应载入史册。

上面勾画了中国社会现代化历史全过程的轮廓,由于是初步的思考,还是很粗糙的,需要进一步研究。但其意向是明确的,即如果党史研究对象能够做前面的表述,那么其研究的内容必须有所调整。

第二,应该明确在中国社会现代化过程中中国共产党的作用,并把对这种作用的描述和分析,贯穿到中国共产党历史的研究中。

既然实现中国社会现代化的过程,就是中国共产党历史发展的过程,那么就发生了中国共产党的作用问题。这种作用是多方面的,但就其主要的作用来说,则集中在两个方面:一是变被动社会现代化为主动社会现代化,一是提出社会主义现代化道路。

1840 年爆发鸦片战争,中国打了败仗。而由此造成的后果,毛泽东在《中国革命和中国共产党》中概括得最科学:"帝国主义列强侵略中国,在一方面促使中国封建社会解体,促使中国发生了资本主义因素,把一个封建社会变成了一个半封建社会;但是在另一方面,它们又残酷地统治了中国,把一个独立的中国变成了一个半殖民地的中国。"外国侵略势力的目的虽然不是要把中国变成资本主义社会,但由于其侵略而在中国出现资本主义生产方式并得到一定程度的发展,是不以他们的主观意志为转移的。这样,中国就开始进入社会现代化的过程。不过,这种社会现代化完全是被动的。在这一进程中,时常受到多种力量的钳制和抵御。既有不愿中国真正实现社会现代化的外国侵略势力,也有害怕实现社会现代化的中国封建势力。所以,被动现代化发展极其缓慢,步履艰难,终究摆脱不了贫困、落后、挨打、受辱的境地。显然,在中国,要实现社会现代化,第一步是变被动为主动。怎样才能做到呢? 中国的先进分子认识到这一点,经历了漫长的岁月,付出了血的代价。

鸦片战争后,由于民族危机日益加强,救亡成为一切有良心的中国人最为关心的事。他们之中的许多有识之士认为中国所以挨打就是因为一切都比西方国家落后,唯一出路是向西方学习,走他们已经走过的路。魏源、康有为、严复、谭嗣同、梁启超等人,都从不同角度探讨了这方面的问题,提出不少有益的思想和见解。在实践上,他们也做了很多努力,甚至有人流血牺牲。但是,他们始终没有弄明白,中国要变落后、贫穷为先进、富强,实现社会现代化,仅仅学西方不行,仅仅搞些改良不行,关键是变被动为主动,把主动权掌握在中国人民的手里。在一定程度上认识变被动为主动的意义,孙中山是第一人。他的思路很清楚,要使中国独立、富强,第一步必须推翻封建专制的清政府,建立民主共和政体,第一步完成后,才能谈得上第二步,即发展实业,建设国家,使人民生活得到改善和提高。孙中山在 1897 年就说过:"不完全打倒目前极其腐败的统治而建立一个贤良政府,由道地的中国人(一开始用欧洲人作顾问并在几年内取得欧洲人行政上的援助)来建立起纯洁的政治,那么,实现任何改进就完全不可能的。仅仅只是铁路,或是任何这类欧洲物质文明的应用品的输入(就是这种输入如那些相信李鸿章的人所想象的那样可行的话),就会使得事情越来越坏,因为这就为勒索、诈骗、盗用公款开辟了新的门路。"①

到1905年,同盟会成立时提出了"驱除鞑虏,恢复中华,建立民国,平均地权"的誓词。可见,孙中山在武昌起义前的一切努力,都是为了推翻旧的政权,建立新的政权。中华民国建立后,把政权让给袁世凯,虽出于不得已,但一开始孙中山还是很坦然的。他以为,这样自己正好有精力去抓建设,进行经济革命。1912年4月1日,孙中山在南京同盟会会员饯别会上说:"今日满清退位,中华民国成立,民族、民权两主义俱达到,唯有民生主义尚未着手,今后吾人所当致力的即在此事。"4月16日,他在上海南京路同盟会机关演说时讲道:"三民主义,同盟会唯一之政纲也。曰民族主义、曰民权主义、曰民生主义。今满清政府已去,共和政体已成,民族、民权之二大纲已达目的。今后吾人之所急宜进行者,即民生主义。"次日,他在上海中华实业联合会的欢迎会上又说:"我中华之弱,由于民贫。余观列强致富之原,在于实业。今共和初成,兴实业实为救贫之药剂"。"国家之富,在于矿产,今中华煤矿,甲于全球,英美亦所未及。如能合全国之资与力分头开采,并多筑路以便转运,能如是则民富矣。民富即国富,即富即强。"应该说,孙中山在变被动社会现代化为主动社会现代化的历史进程中是有功劳的。他领导的资产阶级革命铲除了一大障碍,使中国社会前进了一大步。当然,孙中山想要建立资产阶级民主共和国的愿望,并没有真正实现。由他一手建起的中华民国,始终是帝国主义支持下的大地主大资产阶级政权,成为中国实现社会现代化由被动变主动的新的障碍。孙中山在实践中的失误,是他所代表的中国民族资产阶级软弱性的表现,是他在认识上和理论上固有缺陷的反映。孙中山真诚地希望中国富强,实现工业化,并想避免西方资本主义国家之弊害,但他对帝国主义缺乏本质的认识,对国内政治力量缺乏阶级分析,因而不愿也

---

① 《孙中山全集》第1卷,第88页。

不敢同帝国主义彻底决裂,认不清大地主大资产阶级代表人物的政治阴谋,加之不能坚决依靠广大工农群众,失败是难免的。

从鸦片战争到中华民国建立,经过 70 多年的奋斗,没有完成变被动社会现代化为主动社会现代化的任务。为什么呢? 这里有个用什么思想指导的问题。毛泽东说得对:"在一个很长的时期内,即从一八四〇年的鸦片战争到一九一九年的五四运动的前夜,共计七十多年中,中国人没有什么思想武器可以抗御帝国主义。旧的顽固的封建主义的思想武器打了败仗了,抵不住,宣告破产了。不得已,中国人被迫从帝国主义的老家即西方资产阶级革命时代的武器库中学来了进化论、天赋人权论和资产阶级共和国等项思想武器和政治方案,组织过政党,举行过革命,以为可以外御列强,内建民国。但是这些东西也和封建主义的思想武器一样,软弱得很,又是抵不住,败下阵来,宣告破产了。"①正在这时,十月革命的炮声打响了,俄国工农大众当家做了主人。这个新事物的出现,不能不引起中国先进分子的思考:既然马克思主义可以指导俄国人民取得革命胜利,为什么中国人民革命不能以马克思主义为指导呢? 于是,中国的部分先进分子开始接受马克思主义,李大钊是其中的第一人。1918 年下半年,他写文章歌颂十月革命,指出布尔什维主义是 20 世纪人类共同觉悟的精神,是历史的新潮流。他在《法俄革命之比较观》一文中,号召中国人民"翘首以迎其世界新文明之曙光"。此后,经过五四运动的洗礼和促进,更多的先进分子接受了马克思主义,形成共产主义知识分子群体。在此基础上,1921 年建立了中国共产党,使中国革命的面目焕然一新。毛泽东在《唯心历史观的破产》中写道:"一九一七年的俄国革命唤醒了中国人,中国人学得了一样新的东西,这就是马克思列宁主义。中国产生了共产党,这是开天辟地的大事变。孙中山也提倡'以俄为师',主张'联俄联共'。总之是从此以后,中国改变了方向。""自从中国人学会了马克思列宁主义以后,中国人在精神上就由被动转入主动。"这非常重要,因为精神上即指导思想上由被动转入主动,是实践上由被动转入主动的前提。

---

① 《毛泽东选集》第 4 卷,第 1513—1514 页。

当然,要在实践上变被动为主动,还需要相当艰苦的奋斗过程。

在中国共产党成立前夕,思想界展开了关于社会主义的讨论。在讨论中,人们都非常重视发展实业,认为只有实业发展了,中国才能富强。至于用什么办法发展实业,各有不同的看法。陈独秀、李大钊等共产主义者坚决反对用资本主义发展实业,而主张实行社会主义。在《讨论社会主义并质梁任公》一文中,李达分析了用资本主义开发实业的诸多弊端,指出应该"采取社会主义生产方法开发中国实业,努力设法避去欧美资本制产业社会所生之一切恶果"。到党的一大时,确定了推翻资本家政权,建立无产阶级专政,消灭私有制,消灭阶级的纲领。这一切说明,党成立前后的一段时间里,对中国出路的大方向已经弄清楚,认识到不能再走欧美、日本的老路,而要走俄国人的路。接着不久,在列宁和共产国际的帮助下,中国共产党研究了中国国情,确定必须先进行民主革命,再进行社会主义革命,然后才能搞现代化建设。正是沿着这条道路,中国共产党领导中国人民奋斗了28年,经历了国共合作的北伐战争、土地革命战争、抗日战争和全国解放战争,终于在1949年推翻了帝国主义、封建主义和官僚资本主义的反动统治,取得新民主主义革命胜利,建立了中华人民共和国。接着,中国共产党又领导中国人民继续奋斗,完成了国民经济恢复和生产资料私有制的社会主义改造的历史任务,使中国社会进入社会主义的初级阶段。从实现社会现代化的角度看,至此完成了第一步。这第一步,是以解放生产力为主。在旧中国,帝国主义支持下的北洋军阀政府、国民党政府,都是束缚生产力的,使国家贫困、人民受苦。中国共产党领导的新民主主义革命和社会主义革命在中国近代历史上的伟大作用,就是解放了被长期束缚的生产力,变被动为主动,为中国摆脱贫穷、落后面貌,实现社会现代化,创造了前提。这是个了不起的大贡献。

走完第一步,就进入了第二步,就是要大力发展生产力。中国虽然有了先进的社会制度,生产力却十分落后,与之相适应的许多领域也相当落后,因而实现社会现代化的任务非常艰巨。这就是说,中国需要充分发挥社会主义制度的优越性,千方百计地大幅度发展生产力。对此,在生产资料私有制社会主义改造完成以后,党中央是十分明确的。党的八大关于政治报告的决议说"我们国内的主要矛盾,已经是人民对于建立先进工业国的要求同落后的农业国的现实之间的矛盾,已经是人民对于经济文化迅速发展的需要同当前经济文化不能满足人民需要的状况之间的矛盾"。因此,"党和全国人民的当前的主要任务,就是要集中力量来解决这个矛盾,把我国尽快地从落后的农业国变为先进的工业国"。由于任务明确,所以这之后就开始进行社会主义现代化道路的探索。不幸的是,自1957年下半年,这种探索不时受到"左"的错误的干扰,特别是"文化大革命"的破坏,使生产力在20年间没有得到应有的发展,中国社会处于停滞状态。幸好,到1976年,"四人帮"被打倒了,"文化大革命"结束了。1978年12月召开的党的十一届三中全会,重新确立了马克思主义的思想路线、政治路线和组织路线。这次会议之后,党的工作重点真正转移到社会主义现代化建设上来。那么,在中国,实现社会现代化的路子到底应该怎样走呢? 当然,中国不能走资本主义现代化的道路,这是中国共产党早已得出的结论。中国共产党和中国人民付出血的代价进行奋斗的目标,就是要实现社会主义现代化。但是,从1957年下半年之后走的弯路说明,要真正踏上正路,确实非常不容易。1982年9月召开的党的十二大,总结了历史经验,提出了一条在中国实现社会主义现代化的正确道路,这就是建设有中国特色的社会主义道路。在这次代表大会的开幕词中,邓小平说:"我们的现代化建设,必须从中国的实际出发。无论是革命还是建设,都要注意学习和借鉴外国经验。但是,照抄照搬别国经验、别国模式,从来不能得到成功。这方面我们有过不少教训。把马克思主义的普遍真理同我国的具体实际结合起来,走自己的道路,建设有中国特色的社会主义,这就是我们总结长期历史经验得出的基本结论。"此后,以邓小平同志为核心和以江泽民同志为核心的党中央,不断研究实际,探讨理论,使这条道路的内容逐步得到充实和发展。特别是1992年邓小平在视察南方的谈话中,提出改革也是解放生产力的观点;随后,党的十四大科学地概括了建设有中国特色社会主义理论的内容,这就使社会主义现代化道路的前景更加明朗。当然,与新民主主义革命和社会主义革命已经完成不同,社会主义现代化建设的过程尚未结束,而且相当漫长,对未来还无法做出准确的描述,但能够提出中国实现社会现代化的道路,也同样是个了不起的大贡献。

总之,在中国的社会现代化的历史进程中,中国共产党起着核心的作用。没有中国共产党的领导,就没有中国的社会现代化,这是历史做出的不容动摇的结论。

在以往的党史研究中,很少从中国的社会现代化的角度,去分析中国共产党的历史作用,这就只能描述事物的现象,而不能揭示本质。所以,这方面的研究,应该注意加强,以提高中共党史研究的水平。

第三,应该明确在中国的社会现代化过程中,中国共产党的指导思想的作用,并把对这种作用的描述和分析,贯穿到整个中国共产党历史的研究中。

"没有革命的理论,就不会有革命的运动。"列宁在《怎么办?》中说的这个道理,是绝对正确的。应该说,没有正确的社会现代化理论的指导,就没有可能实现社会现代化。前面说到,从鸦片战争到辛亥革命,中国人民奋斗了 70 多年,没有能够达到变被动社会现代化为主动社会现代化的目的,就是因为没有正确的理论做指导。孙中山的三民主义是中国资产阶级革命的最为系统的理论,是由近代西方资产阶级革命时代产生的民主主义演化而来的。资产阶级民主主义是现代化意识形态的一种,但因其固有的阶级局限性,只能指导现代化事业朝资本主义方向发展,而半殖民地半封建的中国的实际决定不可能走这条道路。所以,用三民主义做指导,就不可能改变中国被动社会现代化的命运。

前面也说到,俄国十月革命爆发后,马克思主义传入中国,中国的部分先进分子选择了马克思主义,从而使中国革命发生转机。马克思主义是资本主义社会发展过程中产生的无产阶级变革现实和建设未来的理论。这种理论也是一种现代化意识形态,而且因其科学性和真理性使之成为最高层次的现代化意识形态。这种现代化意识形态当然能够指导社会现代化事业的发展,但是用它指导某个国家的现代化事业的演化和变革时,一定要与该国的实际相结合。否则,就会出现指导上的失误。在中国,社会现代化进程是从封建社会变成半殖民地半封建社会开始的,因而其第一步要先变被动社会现代化为主动社会现代化,然后才能进行社会生活诸方面的现代化建设。这两步路究竟应该怎样走?经验证明,绝不能照抄已有的模式,而要根据中国的实际情况,走自己的路。所以,把马克思主义和中国实际结合起来,是关系到中国能否实现社会现代化的大事,不容忽视。对此,中国第一个接受马克思主义的李大钊,很早就已经悟出了这个道理。他在1919年写的《再论问题与主义》中就说:"一个社会主义者,为使他的主义在世界上发生一些影响,必须要研究怎么可以把他的理想尽量应用于环绕着他的实境。所以现代的社会主义,包含着许多把他的精神变作实际的形式使合于现在需要的企图。"1920年,他在《社会主义与社会运动》中说:社会主义理想,"因各地、各时之情形不同,务求其适合者行之,遂发生共性与特性结合的一种新制度(共性是普遍者,特性是随时随地不同者),故中国将来发生之时,必与英、德、俄……有异"。后来,他的想法更明确,没有含糊的意思了。他指出:纪念马克思,"应该细细的研考马克斯的唯物史观,怎样应用于中国今日的政治经济情形。详细一点说,就是依马克斯的唯物史观以研究怎样成了中国今日政治经济的情状,我们应该怎样去作民族独立的运动,把中国从列强压迫之下救济出来。"①中国共产党的诞生,确实具有重大的历史意义。但是,在党的一大时,人们还不能把马克思主义和中国的实际结合起来。所以,党的一大通过的纲领虽然符合马克思主义基本原理,却与中国的实际脱离。不久,在列宁和共产国际的帮助下,中国共产党研究了中国国情,从而把马克思主义和中国革命实际结合起来,确定先搞民主革命,后搞社会主义革命的步骤,并提出民主革命的纲领。此后,中国共产党在与国民党合作,共同领导国民革命的实践中,努力探索符合中国实际的、以马克思主义为指导的民主革命的理论。到党的四大之后,终于形成了被后人称之为新民主主义革命基本思想的理论雏形,在马克思主义和中国实际相结合的轨道上前进了一大步。可惜,在这次革命的后期和紧接而来的土地革命战争时期的相当长的一段时间里,背离了马克思主义与中国实

---

① 《李大钊文集》(下),第711页。

际相结合的原则,执行错误的路线、方针、政策,给革命带来极大损失,这就使指导中国实现社会现代化理论的探索在中国共产党领导层内暂时受挫。也就是说,在 1927 年大革命失败后,中国共产党没有找到中国革命的正确道路。

然而,毛泽东以及一些共产党人却在他们领导的部分地区的革命斗争中坚持了这种探索。1927 年大革命失败后,毛泽东根据中共中央召开的八七会议精神,在湘赣边界组织秋收起义,随后将起义部队带上井冈山,建立了共产党领导的第一块农村革命根据地。与此同时,其他地区也相继建立了农村革命根据地。这样,到 1930 年,农村游击战争得到广泛发展。于是,在理论上进行总结的条件具备了。毛泽东用马克思主义研究了中国国情,总结了农村革命根据地斗争的经验,提出了以农村为中心的思想,从而形成以农村包围城市,武装夺取政权的关于革命新道路的理论。这个理论既依据了马克思主义的基本原理,又没有教条地去理解,而是从中国的实际出发,创造性地运用了马克思主义。马克思主义关于无产阶级革命的理论认定,革命的中心任务和最高形式是武装夺取政权,是战争解决问题。这个普遍原则,无论在中国还是在外国,都是对的。问题是走什么样的道路,才能达到武装夺取政权的目的。在资本主义国家,由于没有封建专制制度,实行的是资产阶级民主制度,所以无产阶级政党可以而且必须经过长期的合法斗争,教育工人,生息力量,准备在条件成熟的时候最后推翻资本主义。到实行武装起义的时候,临时武装起来的群众和从旧军队中争取过来的士兵,一般是先占领中心城市,以突击方式,迅速地摧毁处于动摇中的反动统治者的首脑机关,占领了城市,然后才进攻农村。这种在资本主义国家已经证实其正确的经验,并不适合中国的情况。因为大革命失败后,国民党反动派占据中心城市,实行法西斯统治,不给人民以任何自由民主权利。所以,在这里,已经遭受严重摧残的革命力量,不是短时间可以恢复的,党在城市中,只能采取隐蔽精干、积蓄力量、以待时机的方针,绝不能在短时期内同敌人决战。但是,中国政治经济发展不平衡,国民党只能将主要力量集中在城市,不可能在广大农村普遍建立强有力的反革命统治,加上国民党各派军阀之间互相牵制和削弱力量,革命力量有可能在那些反动统治力量薄弱、群众基础较好的农村内得到恢复和发展,摧毁白色政权,建立红色政权,发展革命根据地。这种情况就决定:在中国,"共产党的任务,基本地不是经过长期合法斗争以进入起义和战争,也不是先占城市后取乡村,而是走相反的道路"①。农村包围城市,武装夺取政权的革命新道路,是一种理论上的创造。它的精神实质是中国革命必须从中国的实际出发,在马克思主义指导下,走自己的道路。毛泽东在这个时候发表的《反对本本主义》中说得好:"马克思主义的'本本'是要学习的,但是必须同我国的实际情况相结合"。应该说,关于中国革命新道路的理论是马克思主义与中国实际相结合的典范。正由于解决了中国革命道路问题,也相应地解决了与此有关的问题,如人民军队建设和人民战争的战略战术原则、土地革命的理论和政策、根据地建设的理论和政策、党的自身建设等,并初步奠定了哲学基础,所以毛泽东思想也就开始形成。

在以后的实践中,马克思主义与中国实际的结合,日益得到进展。30年代末至40年代初,以毛泽东的《新民主主义论》为代表,形成了新民主主义理论体系。这个理论体系包括两个部分,即新民主主义革命论和新民主主义社会论。新民主主义革命论是由被动社会现代化转为主动社会现代化的一种社会变革理论。它的内容主要是:

——新民主主义革命是无产阶级领导的。按说,资产阶级性质的革命应该由资产阶级去完成,但中国的资产阶级具有软弱和妥协的特性,不能完成这个任务,因而只能由无产阶级去承担。毛泽东说:"在中国,事情非常明白,谁能领导人民推翻帝国主义和封建势力,谁就能取得人民的信仰,因为人民的死敌是帝国主义和封建势力、而特别是帝国主义的缘故。""历史已经证明:中国资产阶级是不能尽此责任的,这个责任就不得不落在无产阶级的肩上了。"②

在半殖民地半封建社会的中国,阻碍社会向前发展,变被动社会现代

---

① 《毛泽东选集》第 2 卷,第 542 页。
② 《毛泽东选集》第 2 卷,第 674 页。

化为主动社会现代化的势力,是帝国主义和封建主义。所以,中国民主革命的对象,是帝国主义和封建势力。毛泽东指出:"中国现阶段革命的主要对象或主要敌人,究竟是谁呢? 不是别的,就是帝国主义和封建主义,就是帝国主义国家的资产阶级和本国的地主阶级。因为,在现阶段的中国社会中,压迫和阻止中国社会向前发展的主要的东西,不是别的,正是它们二者。"①

——既然中国民主革命的敌人是帝国主义、封建主义,那么,革命的任务就是推翻帝国主义和封建主义的反动统治。"中国革命的两大任务,是互相关联的。如果不推翻帝国主义的统治,就不能消灭封建地主阶级的统治,因为帝国主义是封建地主阶级的主要支持者。反之,因为封建地主阶级是帝国主义统治中国的主要社会基础,而农民则是中国革命的主力军,如果不帮助农民推翻封建地主阶级,就不能组成中国革命的强大的队伍而推翻帝国主义的统治。"②

——除作为中国新民主主义革命的领导者的无产阶级无疑是中国革命的动力之外,民族资产阶级、农民阶级及农民以外的各种小资产阶级,都是革命的动力。"中国无产阶级应该懂得:他们自己虽然是一个最有觉悟性和最有组织性的阶级,但是如果单凭自己一个阶级的力量,是不能胜利的。而要胜利,他们就必须在各种不同的情形下团结一切可能的革命的阶级和阶层,组织革命的统一战线。在中国社会的各阶级中,农民是工人阶级的坚固的同盟军,城市小资产阶级也是可靠的同盟军,民族资产阶级则是在一定时期中和一定程度上的同盟军,这是现代中国革命的历史所已经证明了的根本规律之一。"③

——新民主主义革命的主要手段是武装斗争,因为革命敌人的力量异常强大。而要坚持武装斗争,就必须在农村建立革命根据地,以农村包围城市,最后夺取全国政权。毛泽东在《〈共产党人〉发刊词》中说:"在中国,离开了武装斗争,就没有无产阶级的地位,就没有人民的地位,就没有

---

① 《毛泽东选集》第 2 卷,第 633 页。
② 《毛泽东选集》第 2 卷,第 637 页。
③ 《毛泽东选集》第 2 卷,第 645 页。

共产党的地位,就没有革命的胜利。"

——新民主主义革命仍然是资产阶级民主主义性质的革命,但与旧的一般的资产阶级民主主义革命不同。它不造成资产阶级专政,终极前途也不是资本主义的,而是要建立在无产阶级领导下的各革命阶级联合专政,为向社会主义转变做准备。

——以社会主义和共产主义为前途的新民主主义革命,只有在中国无产阶级的政党共产党的领导下才能够完成。而要完成这一任务,中国共产党必须加强自身建设,使之成为"一个全国范围的、广大群众性的、思想上政治上组织上完全巩固的、布尔什维克化的"[①]政党。

新民主主义社会论是关于新民主主义革命取得全国政权之后如何建设新中国和向社会主义社会转变,为社会主义现代化建设准备基础的理论。它的内容主要是:

——新民主主义社会是一个过渡性质的社会。其任务是不断增长社会主义因素,限制、改造非社会主义因素,为过渡到社会主义社会创造条件。毛泽东在《新民主主义论》中说:"一切殖民地半殖民地国家的革命,在一定历史时期中所采取的国家形式,只能是第三种形式,这就是所谓新民主主义共和国。这是一定历史时期的形式,因而是过渡的形式,但是不可移易的必要的形式。"

——新民主主义社会在政治上实行的是无产阶级领导的各革命阶级联合专政,即后来提出的人民民主专政。而政权构成的形式,则采取各级人民代表大会制度,实行民主集中制。毛泽东说:"国体——各革命阶级联合专政。政体——民主集中制。这就是新民主主义的政治,这就是新民主主义的共和国"[②]。

——新民主主义社会的经济结构,是社会主义国营经济领导下 5 种经济成分并存。它的任务是恢复和发展生产,实现从农业国向工业国转变,并逐步壮大社会主义经济成分,削弱资本主义经济成分,为建立社会

---

① 《毛泽东选集》第 2 卷,第 652 页。
② 《毛泽东选集》第 2 卷,第 677 页。

主义经济制度做准备。

——新民主主义社会的文化,是民族的科学的大众的文化。"这种文化,只能由无产阶级的文化思想即共产主义思想去领导,任何别的阶级的文化思想都是不能领导了的。所谓新民主主义的文化,一句话,就是无产阶级领导的人民大众的反帝反封建的文化。"①

无论是新民主主义革命论,还是新民主主义社会论,其核心都是解放和发展生产力,为实现社会主义现代化创立前提条件。

新民主主义理论体系的建立,标志着马克思主义与中国实际相结合的毛泽东思想达到成熟。毛泽东思想是中国化的马克思主义,是马克思主义指导下的中国社会现代化理论。当然,这时的毛泽东思想并不包括社会主义现代化理论。但不是所有问题都解决才叫成熟,不是建立起无所不包的体系才叫成熟,关键在于是否已经具备研究新情况解决新问题的能力。只有在立场、观点和方法上成熟,有相当高度的理论形态,在实践的运用上达到原则性和灵活性的高度结合,对未来的发展有指导意义,才能叫做成熟。新民主主义理论体系中已预示着未来的前途,并包含着社会主义现代化的某些原理,更重要的是由于立场、观点和方法上的成熟,就为在未来的实践中创立社会主义现代化理论体系打下基础。

新民主主义革命论和新民主主义社会论的内容,充分体现着它们既是马克思主义的,又是有中国特色的理论,说明中国共产党在领导中国革命的过程中始终坚持走中国自己的道路。正是在这种理论的指导下,中国人民才取得新民主主义革命的胜利,建立了新民主主义社会,随后经过生产资料私有制社会主义改造,进入社会主义社会。

如前所述,社会主义制度确立之后,毛泽东虽然力图在社会主义现代化建设上走中国自己的道路,但这种可贵的探索却没有成功。正是因为没有正确的理论做指导,社会主义现代化建设才走了弯路。直到党的十一届三中全会以后,中国的社会主义现代化建设才从弯路逐渐转上正轨。党的十一届三中全会决定把全党工作重点转移到社会主义现代化建设上

---

① 《毛泽东选集》第 2 卷,第 698 页。

来,要求大幅度地提高生产力,改革同生产力发展不相适应的生产关系和上层建筑,这就为社会主义现代化理论的提出创立了前提条件。党的十一届六中全会通过的《关于建国以来党的若干历史问题的决议》,对社会主义现代化建设的道路的主要点做了如下的概括:

(1)在社会主义改造基本完成以后,我国所要解决的主要矛盾,是人民日益增长的物质文化需要同落后的社会生产之间的矛盾。党和国家工作的重点必须转移到以经济建设为中心的社会主义现代化建设上来,大大发展社会生产力。

(2)社会主义经济建设必须从我国国情出发,量力而行,积极奋斗,有步骤分阶段地实现现代化的目标。

(3)社会主义生产关系的变革和完善必须适应于生产力的状况,有利于生产的发展。

(4)在剥削阶级作为阶级消灭以后,阶级斗争已经不是主要矛盾。由于国内的因素和国际的影响,阶级斗争还将在一定范围内长期存在,在某种条件下还有可能激化。

(5)逐步建设高度民主的社会主义政治制度,是社会主义革命的根本任务之一。

(6)社会主义必须有高度的精神文明。

(7)改善和发展社会主义的民族关系,加强民族团结,这对于我们这个多民族国家具有重大意义。

(8)在战争危险依然存在的国际条件下,必须加强现代化的国防建设。

(9)在对外关系上,必须继续坚持反对帝国主义、霸权主义、殖民主义和种族主义,维护世界和平。

(10)根据"文化大革命"的教训和党的现状,必须把我们党建设成为具有健全的民主集中制的党。

这10条,同若干年后对建设有中国特色的社会主义内容的概括自然无法相比,但在当时的认识下做出这样的概括已属不易,而且为后来的概括打下了良好的基础。正是在这个基础上,在党的十一届三中全会以来社会主义现代化建设实践的基础上,邓小平才在党的十二大首次提出建设有中国特色的社会主义的道路。

对于如何走建设有中国特色的社会主义道路,既要在实践上探索,又要在理论上完善,用理论指导实践的发展。走自己的道路,就要充分了解自身的特点,而其中首要的是了解当前的社会性质。对此,在《关于建国以来党的若干历史问题的决议》中,就有了社会主义初级阶段的提法。在党的十二大报告中重申了这一提法。党的十二届六中全会通过的《中共中央关于社会主义精神文明建设指导方针的决议》进一步指出:"我国还处在社会主义的初级阶段,不但必须实行按劳分配,发展社会主义的商品经济和竞争,而且在相当长历史时期内,还要在公有制为主体的前提下发展多种经济成分,在共同富裕的目标下鼓励一部分人先富裕起来。"到党的十三大,则根据形势发展和完善理论的需要,对社会主义初级阶段的含义、提出的依据,以及由此出发应确定的主要矛盾、主要任务、指导方针和党的基本路线等问题,做了全面的论证和阐述。党的十三大报告指出,因为我们的社会主义脱胎于半殖民地半封建社会,生产力水平远远落后于发达资本主义国家,这就决定了我们必须经历一个很长的社会主义初级阶段。在这个阶段里,我们面临的主要矛盾,是人民日益增长的物质文化需要同落后的社会生产之间的矛盾。为了解决现阶段的主要矛盾,就必须:(1)集中力量进行现代化建设。要把发展生产力作为全部工作的中心,是否有利于发展生产力,应当成为我们考虑一切问题的出发点和检验一切工作的根本标准。(2)坚持全面改革。改革生产关系和上层建筑中不适合生产力发展的部分,使之自我完善,这是推动一切工作的动力。(3)坚持对外开放。当代国际经济关系越来越密切,任何国家都不可能在封闭状态下求得发展。(4)以公有制为主体,大力发展有计划的商品经济。(5)以安定团结为前提,努力建设民主政治。(6)以马克思主义为指导,努力建设精神文明。党的十三大还提出社会主义初级阶段的基本路线:"领导和团结全国各族人民,以经济建设为中心,坚持四项基本原则,坚持改革开放,自力更生,艰苦创业,为把我国建设成为富强、民主、文明的社会主义现代化国家而奋斗。"总之,正确认识我国所处的历史阶段,是建设有中国特色的社会主义的首要问题,是制定和贯彻执行正确路线、方针、政策的根本依据。因此,社会主义初级阶段理论的提出,具有十分重要的意义。

到 1990 年岁末,党中央召开了十三届七中全会,审议通过了《中共中央关于制定国民经济和社会发展十年规划和"八五"计划的建议》。这个决议在已有的对建设有中国特色的社会主义理论的探索基础上,做出了概括:

(1)坚持工人阶级领导的以工农联盟为基础的人民民主专政,不断完善人民代表大会制度,不断完善共产党领导的多党合作和政治协商制度,不断巩固和发展最广泛的爱国统一战线,努力加强社会主义民主和社会主义法制建设。

(2)坚持把发展社会生产力作为社会主义的根本任务,专心致志地搞好现代化建设,不断提高人民的物质文化生活水平。

(3)通过改革不断完善社会主义的经济、政治体制和其他领域的管理体制,充分调动中央、地方、企业和广大劳动人民的主动性、积极性和创造性。

(4)采取发展对外经济贸易关系、利用外资和引进先进技术等多种形式,通过举办经济特区、经济开放区和实行必要的特殊政策与灵活措施,不断扩大对外开放。

(5)坚持以社会主义公有制为主体的多种经济成分并存的所有制经济,发挥个体经济、私营经济和其他经济成分对公有制经济的有益的补充作用,并对它们加强正确的管理和引导。

(6)积极发展社会主义的有计划商品经济,实行计划经济与市场调节相结合,努力促进国民经济持续、稳定、协调发展。

(7)实行以按劳分配为主体、其他分配方式为补充的分配制度,允许和支持一部分人、一部分地区通过诚实劳动和合法经营先富起来,鼓励先富起来的帮助未富起来的,以利于全体人民和各个地区逐步实现共同富裕。

(8)坚持以马克思列宁主义、毛泽东思想为指导,继承和发扬祖国优秀文化遗产,借鉴和吸收世界上一切优秀文化成果,不断提高全民族的思想道德和科学文化素质,建设社会主义精神文明。

(9)建立和发展平等互助、团结合作、共同繁荣的社会主义民族关系,坚持和完善民族区域自治制度,反对民族歧视、民族压迫和民族分裂。

(10)按照"一个国家、两种制度"的构想和实践,促进祖国统一大业的逐步实现。

(11)坚持独立自主的和平外交政策,在和平共处五项原则的基础上发展同一切国家的友好关系,反对霸权主义和强权政治,支持被压迫民族和被压迫人民的正义斗争,维护世界和平和促进人类进步。

(12)坚持共产党的领导,不断改善党的领导制度、领导作风和领导方法,加强党的政治、思想、理论和组织建设,使党始终成为社会主义事业的坚强领导核心。

12条的概括是有一定道理的,但也有不周到的地方。如对这一理论的最本质的特色,即走自己的道路,就没有概括进去;对这一理论的出发点,即社会主义初级阶段,也没有概括进去,等等。当然,12条的概括反映了这一阶段的认识,对后来的进一步概括十分有益。两年后召开的党的十四大,就在12条的基础上,概括成9条。

(1)在社会主义的发展道路问题上,强调走自己的路,不把书本当教条,不照搬外国模式,以马克思主义为指导,以实践作为检验真理的唯一标准,解放思想,实事求是,尊重群众的首创精神,建设有中国特色的社会主义。

(2)在社会主义的发展阶段问题上,作出了我国还处在社会主义初级阶段的科学论断,强调这是一个至少上百年的很长的历史阶段,制定一切方针政策都必须以这个基本国情为依据,不能脱离实际,超越阶段。

(3)在社会主义的根本任务问题上,指出社会主义的本质是解放生产力,发展生产力,消灭剥削,消除两极分化,最终达到共同富裕。强调现阶段我国社会的主要矛盾是人民日益增长的物质文化需要同落后的社会生产之间的矛盾,必须把发展生产力摆在首要位置,以经济建设为中心,推动社会全面进步。判断各方面工作的是非得失,归根到底,要以是否有利于发展社会主义社会的生产力,是否有利于增强社会主义国家的综合国力,是否有利于提高人民的生活水平为标准。科学技术是第一生产力,经济建设必须依靠科技进步和劳动者素质的提高。

(4)在社会主义的发展动力问题上,强调改革也是一场革命,也是解放生产力,是中国现代化的必由之路,僵化停滞是没有出路的。经济体制改革的目标,是在坚持公有制和按劳分配为主体、其他经济成分和分配方式为补充的基础上,建立和完善社会主义市场经济体制。政治体制改革的目标,是以完善人民代表大会制度、共产党领导的多党合作和政治协商制度为主要内容,发展社会主义民主政治。同经济、政治的改革和发展相适应,以"有理想、有道德、有文化、有纪律"为目标,建设社会主义精神文明。

(5)在社会主义建设的外部条件问题上,指出和平与发展是当代世界两大主题,必须坚持独立自主的和平外交政策,为我国现代化建设争取有利的国际环境。强调实行对外开放是改革和建设必不可少的,应该吸收和利用世界各国包括资本主义发达国家所创造的一切先进文明成果来发展社会主义,封闭只能导致落后。

(6)在社会主义建设的政治保证问题上,强调坚持社会主义道路、坚持人民民主专政、坚持中国共产党的领导、坚持马克思列宁主义毛泽东思想。这四项基本原则是立国之本,是改革开放和现代化建设健康发展的保证,又从改革开放和现代化建设获得新的时代内容。

(7)在社会主义建设的战略步骤问题上,提出基本实现现代化分三步走。在现代化建设的长过程中要抓住时机,争取出现若干个发展速度比较快、效益又比较好的阶段,每隔几年上一个台阶。贫穷不是社会主义,同步富裕又是不可能的,必须允许和鼓励一部分地区一部分人先富起来,以带动越来越多的地区和人们逐步达到共同富裕。

(8)在社会主义的领导力量和依靠力量问题上,强调作为工人阶级先锋队的共产党是社会主义事业的领导核心,党必须适应改革开放和现代化建设的需要,不断改善和加强对各方面工作的领导,改善和加强自身建设。执政党的党风,党同人民群众的联系,是关系党生死存亡的问题。

必须依靠广大工人、农民、知识分子,必须依靠各民族人民的团结,必须依靠全体社会主义劳动者、拥护社会主义的爱国者和拥护祖国统一的爱国者的最广泛的统一战线。党领导的人民军队是社会主义祖国的保卫者和建设社会主义的重要力量。

(9)在祖国统一的问题上,提出"一个国家、两种制度"的创造性构想。在一个中国的前提下,国家的主体坚持社会主义制度,香港、澳门、台湾保持原有的资本主义制度长期不变,按照这个原则来推进祖国和平统一大业的完成。

以上 9 条,应该说概括得比较科学。当然,不能说已经很完善。正如党的十四大报告所说:"建设有中国特色社会主义的理论还有其他许多内容,还要在研究新情况、解决新问题的过程中,在实践检验中继续丰富、完善和发展。"

建设有中国特色社会主义的理论,是在和平与发展成为时代主题的历史条件下,在我国改革开放和社会主义现代化建设的实践过程中,在总结我国社会主义胜利和挫折的历史经验并借鉴其他国家社会主义兴衰成败的历史经验的基础上,逐步形成和发展起来的。它第一次比较系统回答了中国这样经济文化比较落后的国家如何建设社会主义,如何巩固和发展社会主义的一系列基本问题,用新的思想、观点,继承和发展了马克思主义。它是马克思列宁主义基本原理与当代中国实际和时代特征相结合的产物,是毛泽东思想的继承和发展,是全党全国人民集体智慧的结晶,是中国共产党和中国人民最可珍贵的精神财富。

有中国特色的社会主义理论是在社会主义现代化建设实践走上正路后的 14 年,才科学地概括出主要内容和体系框架。在这 14 年中,社会主义现代化建设取得伟大成就,正因为坚持了在马克思主义与中国现代化建设实际相结合轨道上的有益探索,从而逐步形成和发展了建设有中国特色社会主义理论。有了正确理论的指导,中国的社会现代化事业必将日益发展,中国的社会进步必将突飞猛进。

以上的分析表明,在马克思主义指导下,中国社会现代化理论是一个完整的体系,其主体或核心部分,就是毛泽东的新民主主义理论和邓小平的建设有中国特色社会主义理论。这个完整的理论体系,在中国的社会现代化过程中,起着决定性的作用。没有中国化马克思主义的指导,就没有中国的社会现代化。因此,在中国共产党历史的研究中,应该注意加强从社会现代化的角度,考察中国共产党的指导思想的作用。

第四,应该明确在中共党史的研究中,对重大历史事件的作用,要从社会现代化的角度进行分析。

在中国共产党为之奋斗的社会现代化的漫长历史过程中,发生过许许多多对社会的演化和变革有不同影响的历史事件。这些事件,有全局性的,也有局部性的,其对社会现代化进程的作用,有促进的,有阻碍的,也有双重的。对这些事件从社会现代化的角度进行具体分析,可以深入揭小社会现代化的历史长过程中每个环节的不同作用,从而更能了解这一过程发展的曲折性、复杂性及其趋势。不仅如此,这种分析还有助于深入研究历史人物在各个历史事件以及整个社会现代化过程中的作用。

譬如,对五四运动和五四运动时期的认识,多年来不断深化,但却没有从社会现代化的角度考察。如果能从社会现代化的角度分析,就会发现在1840年到1949年变被动社会现代化为主动社会现代化的过程中,五四运动是个重要转折点,五四运动时期是个重要的转折期。这主要表现在:

(1)五四运动中,广大群众的爱国主义热情达到前所未有的高度,使爱国主义精神得到升华。这一方面反映在爱国家、争生存成为社会各阶层的普遍愿望和行动准则,另一方面反映在人们对帝国主义的认识日益提高。五四时代留下的爱国主义传统,始终激励着后人为民族解放和富强而奋斗。在五四运动后到中华人民共和国成立前,中国各族人民在中国共产党领导下能够团结一致实现变被动社会现代化为主动社会现代化,靠的就是爱国主义。同样,中国共产党在中华人民共和国成立后能把各族人民团结起来为建设社会主义现代化奋斗,并取得很大成就,靠的仍然是爱国主义。爱国主义有着巨大的凝聚力,始终是中华民族实现社会现代化的重要精神支柱。

(2)五四运动时期找到了指导中国实现社会现代化的理论武器。五四运动以后,人们的思想得到极大的解放,热衷于从国外引进各种学说,探索改造社会的途径和方法。这些学说,概括起来,不外两大思潮:一是民主主义,一是社会主义。由于第一次世界大战暴露了资本主义制度的弊病,人们对民主主义产生了怀疑。其实,西方学者对民主主义也开始反思,不少人在 19 世纪末和 20 世纪初对之做了新的解释。五四运动后,中国思想界比较普遍地把 Democracy 译成平民主义,赋以民主主义以新的内容。这种新的内容的特色之一,是把民主主义同社会主义联系起来,或者说是用社会主义的长处补救民主主义的短处。除了平民主义思潮之外不少人仍然向往原来意义上的民主主义,并以此为依据提出各种改造社会的方案,诸如"教育救国"、"科学救国"、"工业救国"、"医学救国"乃至"体育救国"、"音乐救国",等等。这些对于启发人们的觉悟都起了积极的作用。对于社会主义思潮,人们很感兴趣,希望由此找到社会改造的出路。当时,传入中国的社会主义学说五花八门。除了马克思主义的科学社会主义之外,还有无政府主义、新村主义、合作主义、泛劳动主义、基尔特社会主义,等等。一开始,人们对各种社会主义学说,还处于学习、研究、比较、选择的阶段,谈不上究竟信仰哪一种。正如毛泽东在 1920 年 3 月 14 日给周世钊的信中所说:"现在我于种种主义,种种学说,都还没有得到一个明了的概念。"不过,相当不少人很快就被空想性的、以和平改造为特色的学说所吸引,而对以阶级斗争为社会改造手段的科学社会主义并不感兴趣。连最早接受马克思主义的李大钊,都觉得马克思主义的阶级斗争学说是一种缺陷,主张用互助精神补其不足。之所以如此,是同中国某些文化传统,同小生产的经济基础以及知识分子耽于幻想、自命清高的特点有关系的。五四运动后不久兴起的工读互助活动,典型反映了这种情况。当时,许多青年看到社会黑暗,产生一种要求摆脱现实环境,过自由新生活的愿望,特别向往"各尽所能,各取所需"的理想社会。于是,他们办起了工读互助团,与家庭、学校脱离关系,一起过共产生活。他们所从事的工作包括开办食堂,放映电影,卖报刊杂志,出售小百货,开设洗衣局以及办平民补习学校等,每天工作 4 小时,其余时间到各校听课、自修或娱乐。他们把自己的团体当作"新社会的胎儿",认为若能成功,逐渐推广到全社会,就可以实现理想。他们把这叫做"平和的经济革命"。工读互助团先在北京办,后在上海办,天津、武昌、南京、长沙、广州等地也都准备成立。当然,理想未必都能成为现实。工读互助团以及类似的试验都失败了,迫使五四时代的青年不得不认真考虑如何把理想置于现实的基础之上。于是,一部分青年人转而信仰马克思主义,走俄国人的路。这种选择不是轻率的,而是经过多种比较之后得出的结论。毛泽东在1921年元旦的新民学会年会上说:"俄式系诸路皆走不通了新发明的一条路,只此方法较之别的改造方法所含可能性质为多"。这个结论,反映了当时的客观事实。这种选择的结局证明,五四时代的部分青年没有走错路。马克思主义是科学,是最高层次的现代化意识形态。以它来指导中国社会现代化实践,就形成了毛泽东的新民主主义理论和邓小平的建设有中国特色的社会主义理论。由这两种理论构成的中国共产党的指导思想,为中国社会现代化开辟了正确道路。

(3)五四运动为领导中国实现社会现代化的政党中国共产党的建立,做了各方面的准备。中国共产党是1921年成立的,但它的准备工作却始于五四运动之后。没有五四运动,就没有马克思主义在中国思想界的广泛传播,就没有共产主义知识分子队伍的形成,也就没有中国共产党的建立。由于五四运动时期那些站在斗争前列的知识分子有较强的现代化意识,而他们中的多数人成为中国共产党的骨干,所以使中国共产党从建立时起就不是封闭型、保守型的,这对后来的发展极为重要。

以上是从大的方面说的,其实在分析具体的历史现象时也应注意从社会现代化的角度考虑。如社会现代化的核心是生产力的解放和发展,那么,类似五四运动时期的早期马克思主义者是如何认识生产力的问题的、五四运动对作为第一生产力的科技的发展有什么影响之类的问题就值得研究。

第五,应该明确在中共党史的研究中,对个人和群众的考察,要从中国社会现代化的角度分析。就是说,要以其现代化意识之强弱和在社会现代化中的作用为衡量标准。这方面,在本书的另外部分会讲到,这里不重复。

　　以上所列几点，大体上说明唯物史观关于社会现代化的观点与中共党史学主体部分的关系。至于它与中共党史学其他部分的关系，同样应该重视。这方面史料的收集、整理，由于研究中没有提出要求，当然也就比较少。相对来说，社会主义现代化开展时期这方面初步整理出来的材料多一些，但使用的状况在党史研究中并不充分。由于现有的从社会现代化角度研究党史的文章、专著很少，所以中共党史学史的研究也没有做出反映。显然，这一切都应该加强，以促进中共党史学的发展。

　　社会现代化问题，在党史研究中，也是个新问题。我提出这个问题之后，也有不同反映。同样，如上一个问题结尾所说，我并不想把我的看法强加给别人，只是希望能使研究者认真考虑，以便深入讨论，得到更切合实际的认识，把党史的研究提高到更新的水平。

三

社会进化和变革与党史学

我在前些年就提出研究党史一定要研究社会,并于 1991 年初发表了《以社会史为基础深化党史研究》,接着在 1992 年 6 月、1993 年 5 月先后出版了《北洋军阀统治时期中国社会之变迁》、《国民政府统治时期中国社会之变迁》。我在这里倡导的和实践的,就是要在党史研究中贯彻唯物史观关于社会进化和变革的原理。

革命是唯物史观极为重视的社会现象。在唯物史观看来,革命的本来意义指的是社会政治变革。列宁说:"从马克思主义观点来看,革命究竟是什么意思呢? 这就是用暴力打碎陈旧的政治上层建筑,即打碎那由于和新的生产关系发生矛盾而到一定的时机就要瓦解的上层建筑。"①从广义上说,举凡社会生活一切领域中的进步和变革,都有革命的意义。马克思说:"革命是历史的火车头。"②社会革命在社会发展和历史进步中起着重大的推动作用,因为从旧的社会形态向新的社会形态转换,必须通过社会革命才能实现。马克思在《黑格尔法哲学批判》中指出:"在许许多多国家里,制度改变的方式总是新的要求逐渐产生,旧的东西瓦解等等,但是要建立新的国家制度,总要经过真正的革命。"列宁在《反对抵制》中

---

① 《列宁选集》第 1 卷,第 616 页。
② 《马克思恩格斯选集》第 1 卷,第 474 页。

强调,马克思对革命的作用有很高评价,"因为正是在这种时期,解决了所谓和平发展时期慢慢积累起来的许多矛盾。正是在这种时期,最有力地表现出了各个不同的阶级在确定社会生活形式方面的直接作用,建立了后来长期固定在更新了的生产关系上的政治'上层建筑'的根基"。无论是马克思、恩格斯,还是列宁,他们论述革命的作用和意义,主要讲的是阶级社会,而很少涉及非阶级社会。其实,在社会主义社会中,必须不断地对生产关系、上层建筑进行改革,有时还会发生较大规模的改革。这种具有革命性质的变革,对于社会的进步有着非常重大的意义。毛泽东在1956 年中共八大二次会议上就讲过这个意思,说阶级消灭了,社会制度还要改革,还会用"革命"这个词,不过其性质不同于阶级斗争时代的革命。邓小平对这个问题分析得更为透彻。他说:"我们把改革当作一种革命"[1]。"改革是中国的第二次革命。"[2]为什么要这样说呢? 邓小平认为:"改革的性质同过去的革命一样,也是为了扫除发展社会生产力的障碍,使中国摆脱贫穷落后的状态。从这个意义上说,改革也可以叫革命性的变革。"[3]"改革促进了生产力的发展,引起了经济生活、社会生活、工作方式和精神状态的一系列深刻变化。改革是社会主义制度的自我完善,在一定的范围内也发生了某种程度的革命性变革。"[4]

唯物史观认为,人类社会的发展,总是在进化和变革两种状态的交替过程中前进的。一般说来,进化状态是长时间的,缓慢的,变革则是短暂的,迅速的。重视社会革命是对的,因为在阶级社会中,进化无论对社会发展有多大作用,都不能代替革命。也就是说,社会制度的更替不能靠进化来实现,必须借助于社会革命。但是,绝不能轻视进化的作用。当一种社会形态确立之后,社会系统和社会结构处于相对均衡时,社会变迁的主要方式是进化。从人类社会发展来看,大部分时间都处于进化状态之中,如果只把目光集中在占少部分时间的革命状态,那么就会把社会发展的

---

① 《邓小平文选》第 3 卷,第 82 页。
② 《邓小平文选》第 3 卷,第 113 页。
③ 《邓小平文选》第 3 卷,第 135 页。
④ 《邓小平文选》第 3 卷,第 142 页。

大部分内容丢掉。社会的发展、前进，并不是只靠革命，进化的作用也是很大的。同时，进化还为革命做准备，为革命打基础，没有进化也就不可能发生革命。特别是在非阶级社会中，进化的作用就更为突出，因为革命性的变革，常常和进化交织在一起，或者说是融于进化之中。

唯物史观关于社会进化和变革的原理，在党史研究中应用极为广泛，因为党史研究的对象就是处于中国近现代社会的进化和变革之中。也就是说，中国共产党的历史发展过程，一步也离不开近现代中国社会的发展过程；中国共产党的理论活动和实践活动，全部都是在近现代中国社会的发展过程中进行的。这样，研究党史必须考察其所依赖的社会进化和变革过程，就是顺理成章之事了。

第一，应该重视中国近现代社会进化过程的研究，并把进化过程看作社会变革的基础。

研究社会进化，是从动态角度观察社会各个组成部分的变迁，探寻其趋势及导引社会革命的内在因素。人类社会的发展不可能停止，即使在暂时停滞状态下，社会也要缓慢地前进。所以，任何社会形态的变迁，都有它的逐渐进化的过程。这种进化在社会各个组成部分中，虽然呈现出多种式样，但其趋势是一致的。捕捉这种趋势在社会各领域中的踪迹，了解其特点，就可以分析社会发展的结局。

经济是社会的基础，这一领域的演化决定着社会其他领域的变迁。所以，在研究社会演化中，首先应该考察经济领域。从辛亥革命以后到现在，经济制度的根本性质的变革只有1949年和1956年两次，因而大部分时间都处于量变的状态之中。对于这80多年社会经济的发展的考察，党史研究不可能像经济史研究搞得那么细，主要是从以下两个方面分析。一个方面应该注意，在没有发生经济制度根本变革的情况下，经济领域是怎样逐渐演化的，又是怎样同社会变革联系起来的。在1949年以前，中国是个半殖民地半封建社会，经济的发展极其缓慢。像钢的产量1912年为2521吨，1949年为15.8万吨，生铁的产量1912年为7939吨，1949年为13.9万吨。尽管如此，它毕竟还是在发展着。而且有时有的经济成分相对发展比较快，如本书在分析解放和发展生产力问题时所引用的北洋军阀统治时期民族资本主义经济发展的材料,就很能说明问题。在引用这些材料时,我认为,当时现代生产力的发展是第一次国共合作的经济基础。诚然,只有由于一定条件使民族资本主义得到迅速的发展,才可能使民族资产阶级在政治上产生力争自由发展的要求;这种要求通过其政治上的代表人物反映出来,才可能使社会上与新的生产力联系密切的阶级和阶层的民主意识普遍增长。由此可以看出,研究经济领域的演化能够与社会变革联系起来。在1949年以后,中国是新民主主义社会,随后不久又转为社会主义社会。这期间,总的说来,经济发展的速度比1949年以前要快得多,但也有停滞阶段。本书分析解放和发展生产力问题时所引用1957年下半年以后20年经济发展停滞的材料,说明了这方面的问题。如果这种经济停滞现象再持续若干年,势必会导致社会危机的发生。幸好,中国共产党纠正了自己的错误,改变了路线、方针、政策,扭转了局面。至于改革开放后中国社会经济演化过程则与变革过程交织在一起,在难于把两者严格区别的情况下,只能在量变过程中考察部分质变,即在演化过程中考察变革过程。

另一个方面应该注意,生产关系对生产力发展的促进和阻碍作用。在1949年以前的半殖民地半封建中国社会里,总的来看,帝国主义、封建主义和官僚资本主义统治,束缚和阻碍着生产力的发展,这是分析社会经济演化过程的前提。但是,在考察演化过程的不同阶段、不同方面时,还要做具体分析。如1924年以前中国民族资本主义得到一定发展,也是在帝国主义和封建主义的束缚下。那么,为什么这段时间能够发展快一些呢?除了第一次世界大战的原因外,很重要的原因是辛亥革命的推动,这在本书分析解放和发展生产力问题时已经指出过。其中说到,辛亥革命后,由于政治结构的变化,形成发展实业的有利局面。具体说来,中华民国政府建立之初,采取了自由发展资本主义的原则。从1912年到1916年,政府所颁布的有关发展实业的条例、章程、细则、法规达86项之多。这些法令的内容,归纳起来主要有以下几个方面:(1)解除了对民间办工商企业的限制。清政府对民间办企业有很多限制,民国以来打破了这种限制。1914年2月颁布的《商人通例》规定:"应注册之事项,由该商人各就其营业所所在地该官厅呈报注册。"同年3月颁布的《矿业条例》宣布：地下矿产皆为国有，除地面盖屋用地应偿地价外，地主不得任意索要；地价也须照时价出售，不得随意抬价。（2）实行奖励制度。1914年4月颁布《植棉制糖牧羊奖励条例》、1915年6月颁布《造林奖励条例》、同年7月颁布《农商部奖章规则》，等等。《农商部奖章规则》规定：凡创办各种企业，或其必需之补助事业，卓有成效者，分别情况，给予奖章。（3）对新办企业予以保息。1914年1月颁布《公司保息条例》宣布：政府为发达实业起见，拨出公债票2000万元，作为保息基金，每个以其利息对新设立的6种公司股本保息。（4）对民族工业产品及其所用原料减免捐税。（5）设立各种示范场所，劝导人们创办实业。（6）筹办国货展览会和组织参加外国博览会。又如，40年代初期出现了中国主要工业产品年产量的最高纪录。原煤1942年0.62亿吨、原油1943年32万吨、发电量1941年60亿度、钢1943年92.3万吨、生铁1943年180万吨、水泥1942年229万吨、平板玻璃1941年129万标准箱、硫酸1942年18万吨、纯碱1940年10.3万吨、烧碱1941年1.2万吨、金属切削机床1941年0.54万台、原盐1943年392万吨。在此期间，大后方工厂数和资本总额增加很快。据经济部统计：1942年国统区工厂增至3758个，资本总额达3亿多元（战前币值）。什么原因使战时后方工矿企业得到发展？大致说来有以下几点：（1）国民政府组织支持战区工业内迁，并采取了一些扶植后方工业兴起的积极措施。政府拨款56万元作为迁移补助费；迁移过程中给予沿途免检验、免征税的特殊待遇；迁入内地后，代征建厂用地，给低息或无息贷款。鼓励扩大生产的措施主要有：扶植航运，架桥筑路，加强运输；鼓励资源开发，帮助厂矿的扩充和新建；鼓励创造发明和技术改造，提高或扩大专利权等。（2）战区工矿业的内迁，为后方工业发展提供了物质技术基础。（3）后方工矿业具备有利于发展的环境与条件。（4）民族资本家和各方人士的通力合作。同样，在1949年以后中国社会里，也要做具体分析。特别是在进入社会主义社会之后，也会产生僵化的经济体制对生产力发展起阻碍作用的现象。

政治是社会上层建筑的核心，这一领域的演化对经济及其他领域都有重大的影响。党史研究本身就是考察政治现象的,一般说对政治领域不存在忽视的问题。但是,在通常的研究中,多侧重于政治的变革,侧重于敌对政治力量的斗争,而不大注意政治的演化。其实,政治领域的演化与变革有密切关系,这无论是 1949 年以前的中国社会,还是 1949 年以后的中国社会都如此。这里特别应该注意的是,在政治制度根本变革之后形成的新的政治制度对社会政治及其他领域演化的作用。如辛亥革命后,在中国结束了君主制制度,出现了民主共和国。虽然由于袁世凯夺取了胜利果实,建立了北洋军阀统治,但在名义上一直维持民主共和的体制。它实质上代表了大地主、大买办阶级的利益,不可能放射出民主主义光彩,然而毕竟是与封建君主制不同的政治结构,因而对社会的进步在客观上确有一定的促进作用:(1)既然在形式上保持着资产阶级的民主制度,统治者就无法完全避免其成为民主精神和原则的象征,无法完全泯灭其对人们为民主而奋斗的激励作用。尽管随着时间的推移,先进人士逐渐认识到"共和"不过是个招牌,并加以谴责,但人们并不打算改变民主共和制,而是力排一切障碍,设法完善它。所以,当袁世凯妄图复辟帝制的时候,人们群起而攻之,为维护民主共和不惜流血牺牲。社会已经前进,不能再后退,这是历史发展的趋势,也是善良的人们的愿望。在当时,中华民国就是这种趋势和愿望的标志,维护它、完善它,成为人们继续前进的动力。不要说中华民国建立之初各派革命势力如何为实现真的民主共和制而奋斗,就是在国共合作的人民革命势力反对北洋军阀统治的年代里,大多数革命家和群众,也以打碎假共和,实现真共和为目标。(2)既然在形式上保持着资产阶级的民主制度,统治者就无法完全排除其对专制所起的牵制作用。从孙中山手中劫持过来的革命胜利果实,对北洋军阀集团说来,是一枚难于吞咽的苦果,是甩不掉的大包袱。一下子废弃,要冒极大政治风险,让它存在,确实带来不少麻烦。丢不能丢,不丢又碍手,真可谓进退两难。他们控制国会、解散国会、恢复国会、废弃约法、制定宪法、恢复约法,来回折腾,目的是力图使自己的统治合法化,如果不在形式上保持着资产阶级民主制度,北洋军阀统治者更可以为所欲为了。(3)既然在形式上保持着资产阶级民主制度,统治者就无法完全压制其有利于资产阶级社会政治地位提高,有利于现代文明发展的作用。当时不但在国会中有资产阶级的势力,而且在中央政府和地方政府里,也都有一些资产阶级代表人物担任一定的职务。这种力量虽然不大,但毕竟存在着。他们运用自己的发言权、立法权、行政权,为发展民族资本主义工商业,推进现代教育、文化,提倡民主精神,创造了有利条件。(4)既然在形式上保持着资产阶级的民主制度,统治者就无法完全抵御其对人们的思想、认识以及生活方式、社会习俗变革的影响。这种变革在社会各类群体中客观存在着,谁也改变不了。虽然变革有深有浅,有快有慢,但几乎每个人都在不同程度上受到影响。总之,中华民国的建立,并没有给中国的百姓带来真正的幸福,因为权力不归他们所有。但是,由辛亥革命引起的政治结构的变化及其对社会的影响,并不以北洋军阀统治集团的意志为转移。除非把这块民主共和招牌丢掉,否则封建专制因素必然要削弱,民主主义因素必然要增长,这种趋势无法逆转。

同时,研究政治领域的演化,还要注意考察政治制度和政治力量的变迁。在政治制度方面,其变迁都或多或少影响到社会的发展。如在国民政府时代,一直是国民党一党专制的统治,但也不是没有变化。这种统治的不断加强是一种变化,这种统治的某些改革也是一种变化。像 1938 年7 月出现的国民参政会,就是属于后一种。国民参政会是一个民意的议政机关,是中央政府与民众之间的桥梁。国民参议会的主要职责是:听取政府对内对外之施政方针,并讨论做出决议;向政府各职能部门提出询问;向政府提出建议;接受政府委托进行调查。尽管国民参政会并不尽如人意,而且在 1941 年以后逐渐变为国民党的御用机关,但它一开始毕竟是国民政府训政时期政治制度改革的一项重要措施,是政治民主化的一种表现。由于有这种组织存在,就给国民政府以相当的压力,促进政府在某种程度上放松对人民的控制,开放了一些民主,这对抗日战争是有利的。又如,中华人民共和国成立后,政治制度也不断演变。像在我国政治体制中占有重要地位的人民政治协商会议,从成立到现在经历了一个不断演化的过程。1949 年 9 月到 1954 年 9 月,它代行全国人民大会的职权,是国家最高权力机关。1954 年 9 月第一届全国人民代表大会召开之后,它作为统一战线组织继续存在,在国家政治生活中发挥团结各方面人士,参政议政,推动社会主义事业前进的重要作用。"文化大革命"期间,它受到严重破坏,处于瘫痪状态。"四人帮"被粉碎,特别是中共十一届三中全会以后,它的任务和作用有了新的发展,由过去的各革命阶级联盟变成全体社会主义劳动者和一切爱国者在内的最广泛的政治联盟。研究人民政协的这种演化,对于了解中国共产党领导的多党合作和政治协商制度很有用。在政治力量方面,其变迁对社会的影响也是很大的。如在中国共产党反对中国国民党的政治斗争中,出现了第三种政治力量,并逐渐形成一批民主党派。他们在政治活动中,既同国民党打交道,又同共产党打交道。对国民党由抱有幻想,到丢掉幻想,直至举旗反对;对共产党由不了解,存有戒心,到逐渐了解,直至愿意接受领导。各民主党派在中共的统一战线方针指导下,不断认识自身的弱点和错误并逐步克服,坚持和共产党共同奋斗的政治方向,这是中国革命历史发展的必然趋势。民主党派这支政治力量,在中国社会发展中的作用是不能小看的。他们最终倒向共产党,就加强了革命力量,促进革命的胜利。

另外,研究政治领域的演化,还不能忽略外交方面的变迁。外交是政治统治的重要环节,对社会的发展所起的作用十分明显。任何国家的存在和发展,都不能离开世界环境,而外交工作则是改善这种环境,创造有利条件的手段。如抗日战争期间,开始国民政府对日本的外交政策,主要是采取交涉的办法,以期求得和平解决。但是,日本帝国主义以独霸中国为目的,丝毫不肯让步,所以靠交涉不可能有好的结果。后来,由于日本帝国主义暴露控制整个亚洲和太平洋地区的野心,纳粹德国也作为军事强国重新出现,从而使英美担心可能爆发新的世界大战,不得不表示愿支持中国政府抗日,以牵制日本兵力。在这种情况下,国民政府改变了外交方针,力争美、英、苏三国支持,以抵抗日本帝国主义的侵略。改变后的外交方针,使中国政府的国际关系发生变化。特别是随着太平洋战争的爆发,中国成为世界反法西斯战争的重要战场,国际地位也相应提高。又如,中华人民共和国成立之后,美帝国主义一直对中国采取敌对的立场,采取孤立、封锁、制裁的政策。对于这一切,正如邓小平所说,"世界上最不怕孤立、最不怕封锁、最不怕制裁的就是中国。""因为中国块头这么大,人口这么多,中国共产党有志气,中国人民有志气。"①但是,这不等于说我们不必改善国际关系。所以,经过我们努力,特别是我们自身实力的不断增强,终于打破了僵局,相继与日本、美国建立了外交关系。这种国际关系的变化,对后来的改革开放、扩大国际交流都有很大作用。可见,外交的演化,与革命变革也有密切的关系。

文化领域的演化,反映着经济和政治上的变迁。属于社会意识方面的问题,后面有专题论述,这里只谈文化事业。文化作为一种事业,包括教育、科学、文学、艺术、卫生、体育、新闻、出版等诸方面。如教育事业无论在旧中国或新中国,其演化过程都是显著的,对社会的影响也是很突出的。社会要进步,就要提高人的素质,就要使人们不断增长科学文化知识,而这正是教育的功能。所以,研究教育领域的演化,对了解社会是至关重要的。如北洋军阀统治时期,教育权不在人民手里,政府有权利用教育为巩固自己的统治服务。即使这样,教育事业还是有发展的。民国初建时,全国学生总数只有200多万人,到1922年则达516万人,其中大学生1.9万人。民国建立后,各类学校的发展,并非清代教育的自然延续。1912年,教育部公布的教育宗旨是:"注重道德教育,以实利教育、军国民教育辅之,更以美感教育完成其道德。"第一任教育总长蔡元培在《对于教育方针之意见》中,把这种道德的内涵明确解释为"自由"、"平等"、"博爱"。显然,在指导思想上,已不再是"中学为体,西学为用",而代之以资产阶级民主主义。随着时间的推移,政治形势的变化,教育的宗旨和学制也不断变化。民国初年的教育宗旨效法德国,学制来自日本。第一次世界大战结束后,教育界对上述教育宗旨和学制提出异议。从美国留学回来的从事教育工作的人,对德国、日本的军国主义教育特别反感,就以德国战败为理由,要求修改教育宗旨。教育部根据教育界的呼声,组织了一个"教育调查会",以审议教育方面的重要事项。1919年4月,教育调查会开第一次会议,决议以"养成健全人格,发展共和精神"为宗旨,并

———————

① 《邓小平文选》第3卷,第329页。

报教育部公布。同年 10 月,全国教育联合会在太原召开第五届年会,也对教育宗旨问题进行了讨论。此后,又经过研究和讨论,教育界人士多数赞成"养成健全人格,发展共和精神"的提法,并同意实行美国的中小学生六三三制和大学 4 至 6 年制。虽然教育部并未正式公布新的教育宗旨,但在实际工作中却逐步得到贯彻。1922 年 9 月,教育部召开全国学制会议,讨论学校系统改革问题。11 月 1 日,以大总统名义公布新学制。次年 6 月,又刊布中小学课程标准纲要。教育宗旨的讨论和贯彻学制的改革,使教育效法资本主义国家的方向由德国、日本转向美国,这表明在教育领域内资产阶级教育思想的深化。北洋军阀统治时期教育事业的演化,在社会上发生很大影响。既然资产阶级思想在教育领域中不断深化,那么,从小学生到大学生就不可避免地要在学校中,要在他们所学的课程中,接受民主主义的教育,从而谁也无法阻拦他们由此产生对现政权的不满以及要求民主政治的意识,这正是当时青年人投身革命的重要思想基础。又如,新中国成立后,为了对旧的教育制度进行改造,建立新民主主义的教育制度,中国共产党和人民政府采取了确定改造旧教育的基本方针,实行学制改革、收回教育主权、高等院校院系和中等专业学校调整、对知识分子进行思想改造等多种措施。像高等学校,经过调整,到 1953 年发展到 182 所,共有学生 21.6 万多人,比解放前的最高年份 1947 年增加了 40%。工科学生在高等学校学生总数的比重,也由 1947 年的 17.82%增至 37.7%。1952 年秋季,高等院校开始进行教学改革。这次改革以学习苏联经验为重点,教学计划、教学大纲、教材、教学环节以及管理方面的制度和办法,都从苏联的高等学校搬来,许多学科还从苏联请来专家帮助培养师资。由于苏联的高等教育搞了几十年,确有一些好的经验,所以,我国高等教育的这次改革在教学质量提高上起了一定的作用。但在这次改革中对苏联的经验不加分析,全盘接受,对旧中国和其他国家经验全盘否定,很多办法与中国实际不符,从而出现了一些问题,至今仍有不良影响。即使如此,从 1949 年到 1956 年,新中国教育事业演化的总趋势是不断进步。据 1955 年的统计,高等学校学生达 29.2 万多人。50 年代中期以前培养出的受高等教育的各学科人才,在社会上所起的作用是非常突出的,几十年来一直是社会各个领域中的骨干力量。可见,这阶段教育事业的演化对社会发展有不小的影响。

对于作为第一生产力的科技领域的演化,党史研究从来很少注意,认为它是科技史的研究范围,与己无关。其实,研究科技领域的演化,不仅在社会主义现代化建设中是必要的,而且对考察旧中国生产力发展水平和社会各领域发展水平都是很有用的。这是因为自然科学的产生和发展,就是由生产决定的。恩格斯在论述近代自然科学同生产的关系时指出:"如果说,在中世纪的黑夜之后,科学以意想不到的力量一下子重新兴起,并且以神奇的速度发展起来,那末,我们要再次把这个奇迹归之于生产。"①他又说:"社会一旦有技术上的需要,则这种需要就会比十所大学更能把科学推向前进。"②同时,也因为科技的发展,又推动着社会生产力以至整个社会的发展。如在北洋军阀统治时期,由于政府不重视科技工作,不尊重知识,不尊重人才,再加上政局不稳,战争连年不断等诸多因素,使科技发展水平极为低下。但并不是说,在这个时期,科技工作一片空白,毫无进步。事实上,适应社会上新的生产力的一定程度的发展,适应民族资本家扩充企业的需要,适应人们生活的需要,广大科学家、工程技术人员抱着"科学救国"的强烈愿望,克服重重困难和阻力,认真钻研,在科技的创造和发明方面做出了不少成绩。辛亥革命后,特别是五四运动之后,自然科学的学术机关或团体相继成立,研究成果不断增加。1912年到1925年,先后成立的自然科学团体有20多个。1913年到1923年,由农商部给予的发明创造奖共有144起。在学术团体或机关方面,影响较大的是1913年成立的地质调查所,丁文江为所长。随后,又增设了地质研究所,章鸿钊为所长,翁文灏为专职教员。地质研究所培养了我国第一批专业人才,其中不少人后来成为我国地质部门的骨干。地质调查所的调查研究工作包括地质图的测制,矿产调查,燃料、矿物化石、地震的研究以及土壤的调查等。研究成果刊登在《地质学报》、《土壤专报》、《中国

①　《马克思恩格斯选集》第3卷,第523页。
②　《马克思恩格斯选集》第4卷,第505页。

古生物志》《地质专报》等刊物上。另一个是中国科学社,由中国留美学生赵元任等发起,1915 年成立于美国,1918 年迁回南京。该社创办的《科学》月刊,一直持续到 1950 年。另外,还创办了《科学画报》,创办了明复图书馆、博物馆。该社还经常举办科学讲演和展览,召开学术讨论会。1922 年,该社设立生物研究所,由秉志、胡先骕主持,出版《中国科学社生物研究所丛刊》。该所培养了近 100 名生物学者,对我国生物学、植物学的发展做出了贡献。中国科学社 1915 年有会员 70 名,1919 年增加到 604 人,其中不少人是我国近代科学中各个学刊的创建者和学术带头人。此外,比较重要的团体还有:1915 年成立的以詹天佑为会长的中华工程师学会,出版《中华工程师学会会报》;1918 年成立的以陈体程为会长的中国工程学会,出版《中国工程学会学报》;1920 年成立的中国化学工业会,出版《化学工业杂志》;1922 年 1 月成立的由章鸿钊、丁文江、翁文灏、李四光、葛利普发起的中国地质学会,出版《中国地质学杂志》;1915 年成立的中国生理学会,出版《中国生理学杂志》;1922 年成立的中国天文学会,出版《宇宙》月刊;1922 年由塘沽久大精盐公司创办的黄海化学工业研究社。在研究成果上,以地质为例:1916 年 6 月,地质研究所毕业 22 人,大部分转入地质调查所任调查员,被派往山西、山东、湖北、浙江、云南、甘肃等地调查,进一步弄清了华北及长江流域各省的地质和矿产的情况。1921 年,地质研究所由翁文灏主持,又进行了一次大规模调查,范围包括东北至黑龙江,西南至云南,西北至甘肃、青海。谭锡畴的《山东中生代及旧第三纪地层》、叶良辅和谢家荣的《扬子江流域巫山以下之地质构造及地文史》、谢家荣和赵亚曾的《湖北宜昌兴山秭归巴东等县地质矿产》、赵亚曾的《南满石炭纪地层之研究》、刘季辰和赵汝钧的《江苏地质志》等论文和专著,填补了我国地质学的空白。特别是李四光的《东亚的几个特别构造型》提出了地质力学的理论和方法,有独到见解。这些,都推动了我国地质科学的进步。在工业制造技术方面,这时期也有所提高。辛亥革命后,江南造船所不断扩充,使造船技术有较大进步。第一次世界大战后期,美国政府认为江南造船所设备完好,有高度建造力,故请其代为制造 4 艘万吨货轮。1920 年第一艘官府号下水。1921 年,西勒所号、奥连讨号、客赛号亦完工。除钢材由美国供给外,其他均由江南造船所独立完成。1925 年,永利制碱公司在范旭东主持下,经化工专家侯德榜等人的努力,终于克服苏尔维制碱技术难关。1926 年,永利制碱公司日产纯碱 50 吨。永利的红三角牌纯碱赶上世界名牌卜内门公司的峨眉牌纯碱,并在美国的国际博览会和巴拿马国际工业博览会上获金质奖章。产品远销日本、印度和东南亚一带,声誉经久不衰。上述北洋军阀统治时期科技领域的进步,说明这个时期的社会生产力确有发展。因为没有生产力的发展,不可能推动现代科学技术的引进和研究,从而也就不能取得上述成就。反过来,这些成就又推动着生产力的进一步发展,并有利于增强人们的现代化意识,有利于提高人们的知识水平,有利于促进人们的思想解放和生活的提高。当然,这一切作用都不是很大的,因为总的来说这个时期科技的发展是十分缓慢的。

文学、艺术、新闻、出版、体育、卫生、图书馆等事业的演化,都是应该研究的。这些方面的演化,反映着社会的进步程度,对社会的进步有不同的作用,而且直接或间接影响着社会革命。如出现于清末的话剧,本来就是民主思潮影响下的产物,适应着人们追求现代化文化生活的需要。这一艺术形式,在北洋军阀统治和国民党统治的年代里,有较大的发展。出现了一大批有影响的戏剧团体、培养新式戏剧人才的学校及专业刊物,创作了一批有较高艺术性的以社会问题为题材的剧本,而这正是人们民主主义意识增长在戏剧领域中的体现。它以自己易于被接受的形式,在有一定文化程度的观众中,广泛传播民主主义思想,为社会革命的引发准备了良好的思想基础。不仅如此,由于这类团体、学校的特殊社会地位,易于起到保护地下革命力量的作用,因而不少成为中国共产党在白区的外围组织。又如,五四运动后期刊的增加犹如雨后春笋。仅 1919 年和 1920 年的两年中,新创办的杂志近百种。这种现象的出现,是人们思想解放的结果。新的期刊传播了新思想,带给人们新的启示,激发起人们寻求救国真理的新的热潮。所以,期刊发行的演化,在社会上特别是知识界有着很大的影响,与政治斗争、思想斗争的关系十分密切。再如,卫生事业的演化,与社会的发展之间,有不同寻常的关系,因为它制约着人的生命。卫生事业的发展,是社会生产力发展的结果。在社会生产力非常低下的时候,卫生事业不可能得到应有的发展。而卫生事业的逐步进化,又给社会生产力的提高创造良好条件。在我国的社会主义现代化建设中,卫生事业的演化,更显示出突出的作用。可以说,它是改革开放的重要保障。没有人的健康,社会主义现代化建设不可能顺利发展。开放后国际交流空前增加,国际流行病有可能被传播到国内来,从而使医疗保健工作的任务加大,医务工作者要做出新的贡献,这就又促进了卫生事业的发展。看来,研究卫生事业的演化,与研究党的历史并不是没有关系。

家庭是社会的基本单位,要了解社会,要了解在这个社会中发展的中国共产党的历史,必须了解家庭的演化。其内容,包括家庭的结构、规模、功能、生活水平,以及家庭观念的变化等诸方面。家庭观念的演化,既受社会生产力发展水平的制约,又受传统观念的束缚。中国传统的封建时代的家庭,受着儒家的等级观念支配,这种家庭制度约束着人们的观念。虽然到民国以后生产力有所发展,社会总观念有所变化,但传统的修身齐家思想仍然浓重地存在着。不过,在家庭观念上,如组成家庭的途径、家庭成员的地位、家庭人口质量等方面,确实逐渐发生变化,其趋向是民主主义意识的增强。家庭结构和规模的演化,也是明显的。农村占主导地位的是折衷家庭,即有大家庭"躯干",而无大家庭"枝叶",有大家庭的纵向结构,而无大家庭的横向结构。所以,农村家庭一般为4至6人,这种情况在北洋军阀统治时期就已如此。按说,封建大家庭是反映农业社会中富裕的统治者利益的制度,而五世同堂之类的观念也影响着贫苦的农民,是他们不断追求的目标。但事实上,大多数农民生活贫困,根本无法维系大家庭,这就决定了以折衷家庭为主。城市的情况则略有不同。旧都市主要是作为商品流通与交换地和富有阶层生活消费地而存在的,其居民的主体是有闲消费阶层、商人和手工业者,所以大家庭的存在较为普遍。随着近代西方文明冲击的扩大和工商业的发展,出现了新兴城市。这些城市除保存原有功能外,又增加了近代工业生产基地、传播近代文明和教育培养新式人才等功能。与此相适应,出现了愈来愈多的产业工人和具有一定现代意识的知识分子。这种情况到北洋军阀统治的中后期,在上海、北京、天津、南京、武汉、广州等城市中已开始出现,到国民党统治时期则更加明显。他们的工作、生活,在一定程度上体现了中国社会向文明方向变迁的趋势。这在他们的家庭结构和规模上也同样反映出来,如产业工人家庭一般是 4 至 5 人。这样,在城市,既保留着原有的大家庭,又出现新兴的小家庭,并呈现后者逐步代替前者的趋势。这种趋势到中华人民共和国成立以后,随着社会现代化的发展,逐渐成为社会的主流。这种趋势无论在革命时期,还是在建设时期,既反映社会的进步,又促进社会的发展。在旧社会大家庭开始解体的过程中,出现了一批叛逆者。他们接受民主主义乃至社会主义、共产主义思想,投身到革命阵营中。由于这些人的家庭经济富裕,从小有可能受到教育,长大又接受中等或高等教育,所以他们都属于知识分子阶层,在革命阵营中发挥了重要的作用。在大家庭解体的过程中,他们的子女里有很多人虽未参加革命,但却力争经济和生活的独立。他们远离家庭,到大城市学习、工作,以他们的知识在各行业里对社会做出了贡献。这一切,也就更推动了大家庭的解体。在新中国,新兴的小家庭日益增多,对解放劳动力有很大作用。每个家庭都以崭新的面貌,对社会主义现代化建设做出不同的贡献。显然,研究家庭的演化,对于研究社会,研究党的历史,都是很有用处的。

研究社会演化,必须考察社会关系,即社会中人与人的关系。这种关系是多方面的,有阶级关系、同事关系、同学关系、师生关系、朋友关系、亲戚关系、邻里关系,等等。在阶级社会中,阶级关系是社会关系中的最基本的方面;在社会主义社会中,阶级差别也是不可忽略的因素,阶级斗争仍存在于一定范围之中。所以,党史研究要重视阶级关系的考察,特别要加强对阶级、阶层变迁的分析,加强对阶级、阶层之间渗透的分析。在考察社会阶级、阶层的变迁及其相互关系的时候,要以唯物史观关于阶级和阶级斗争的理论为指导。列宁说:"所谓阶级,就是这样一些大的集团,这些集团在历史上一定社会生产体系中所处的地位不同,对生产资料的关系(这种关系大部分是在法律上明文规定了的)不同,在社会劳动组织中所起的作用不同,因而领得自己所支配的那份社会财富的方式和多寡也不同。"①在唯物史观看来,在阶级社会中,阶级关系主要表现为统治阶级和被统治阶级之间的斗争;在社会主义社会中,各劳动阶级之间仍然存在着一定差别,存在于一定范围内的阶级斗争在某种条件下还可能激化。而无论在什么社会,不同阶级、阶层自身都在不断演化,各个阶级、阶层之间的关系也在不断演化,并在演化中对社会各阶级、阶层发生不同的影响。如中国民族资产阶级,就有一个产生、发展、消亡的演化过程。对这个阶级,要研究它在政治、经济、文化诸方面的需求及实践活动,研究它对社会发展的贡献和不良作用。应该说,在近现代中国历史发展过程中,民族资产阶级对解放和发展生产力是有功的。这个阶级对工人阶级、农民阶级及其他劳动者的影响,还是较大的。它在现代科学知识和管理经验方面,对人们确有帮助,但在政治、思想倾向以及生活方式方面往往起着不好的作用。重视阶级关系的研究,是应该的,但不能因此而忽略社会关系其他方面的考察。其实,这些方面也是很重要的。人们在革命过程中以及在革命后的建设中,具有什么样的思想倾向,走什么样的道路,往往与这些关系有或多或少的联系。在革命时期,特别是共产党处于地下状态的时期,人们接触革命思想、参加革命队伍,主要是通过老师、同学、朋友、亲戚的关系而实现的。因为在这种时期,人们不可能通过公开的场合接受革命教育,不敢也不可能从不认识的人那里了解革命情况,而只能靠熟悉的关系,从互相了解和信任的老师、同学、朋友、亲戚那里得到帮助。即使在共产党领导的革命根据地、解放区或在新中国成立后,人们思想和行为的变化,除了公开的系统的教育外,也不能不受老师、同学、朋友、亲戚的影响。所以,在党史研究中,特别在历史人物的思想研究中,切不可忽略对这些社会关系的考察。当然,考察这些关系时,不要做无意义的工作。如有人研究华北农村街坊辈问题,我以为,这就没有多大意思了。

研究社会演化,还要考察社会组织。这种组织名目很多,如工会、农会、商会、同乡会、同学会、社团、政团以及会党,等等。各种社会组织分别把有共同信念或共同利益的人团结在一起,发挥集体作用,因而能够在社

---

① 《列宁选集》第4卷,第10页。

会上产生较大的影响。如同乡会,就是寄居、活动于大中城市、交通码头的同乡人为了生存而结成的团结互助的社会团体。同乡组织的社会功能,主要是对内兴办公益事业,对外维护同乡个人权益和对本乡的利权问题施加影响。同乡组织的存在,反映了广大下层市民还没有来得及形成科层式职能组织,并从中寻求安全感,只能从较狭隘的地域性认同组织中寻求庇护的心态。在清代形成的这种组织,随着近代城市的发展,到民国建立以后得到大的发展。以北洋军阀统治时期的北京来说,就有 24 个省的 438 个同乡会馆。显然,这是个不可忽视的社会力量。20 年代初的湖南驱张运动,就多受益于北京、上海的湖南同乡组织。一般说来,在党史研究中,由于许多社会组织与中国革命和建设有密切关系,所以还是重视的。近些年来,社团、政团的研究形成热点,这当然很好。但是,在研究中,却很少注意考察各种社会组织对解放和发展生产力,实现社会现代化的作用。前面分析过中国共产党在解放和发展生产力,实现社会现代化中的作用,那么研究其他党派,研究工会、研究社团也应该分析这种作用。另外,还应该注意研究社会组织的自身建设,因为组织建设是一种演化过程,是反映一种组织健全程度的尺度。在中共党史研究中,对党的建设有一定研究,但由于它构成一门独立学科而注意不够。其实,在党的历史发展中,自身建设是非常重要一环。研究它,对说清楚党的历史发展中的问题有很大帮助。当然,党史中研究党的建设与党建学不同,必须从史的角度探讨。中共十四届四中全会通过的《中共中央关于加强党的建设几个重大问题的决定》,是在新形势下加强党的建设的纲领性文件。这次全会认为:"在当代世界风云变幻的条件下,在当代中国改革开放和现代化建设的伟大变革中,我们党肩负着历史的重任。必须认真研究和解决在自身建设中遇到的新矛盾新问题,努力把党建设成为用建设有中国特色社会主义理论武装起来、全心全意为人民服务、思想上政治上组织上完全巩固、能够经受住各种风险、始终走在时代前列的马克思主义政党。这是以邓小平同志为核心的第二代中央领导集体开创的、以江泽民同志为核心的第三代中央领导集体正在领导全党继续进行的伟大的工程。"从史的角度研究党的建设,对完成这一伟大工程有重要作用。

　　研究社会进化过程及其与社会变革的关系,必须从社会诸方面进行考察,才能透彻掌握其走向和本质,也才能如实说明活动于其中的中国共产党的历史发展。

　　第二,应该重视中国近现代社会变革的研究,并了解社会变革是怎样促进社会进化的。

　　由于中共党史这门学科的建立是在新民主主义革命过程中,所以它在研究中还是很重视社会革命的,甚至在民主革命和社会主义革命完成之后的很长时间里,还把研究民主革命当作重点。但是,这种研究的明显不足之处,是不注意革命目的和根源的研究,或者说不能把这种研究贯彻到过程的始终。这一点在本书的第一个问题里已经论述到,就不再多说了。需要补充的是,在考察革命发生和发展的根源时,不仅要从生产力与生产关系的矛盾方面分析,而且应该分析生活诸方面对革命发生和发展的影响。恩格斯在《英国状况。十八世纪》中说过:"人类知识和人类生活关系中的任何领域,哪怕是最生僻的领域,无不对社会革命有所影响。"社会革命的发生、发展由多种因素造成,不对社会生活诸方面分析就不能得出符合实际情况的结论。当然,社会生活诸方面的演化,归根结底是受生产力及其与生产关系的矛盾所制约。党史研究中,对社会革命的考察另一个不足之处,是对社会革命后如何促进社会进化重视不够。如对辛亥革命后的社会进化很不注意,因为着重点在于强调这次革命没有成功,社会性质没有变化。又如对新民主主义革命胜利后的社会进化也很不注意,因为着重点在于强调要进行社会主义革命。其实,这两次革命对社会的进化有很大的推动,尽管前一个革命没有成功,后一个革命还要接着搞另一种革命。正是有了社会进化,才为新的革命打下了基础。

　　研究中国近现代社会革命,还要研究革命的条件、类型。所谓条件,指的是革命爆发的主观和客观的条件;所谓类型,就是由特殊社会矛盾、社会性质所规定的不同的革命对象、任务、动力和前途的集中表现。不能说党史研究不重视革命条件、类型的考察,但多侧重于民主革命和社会主义革命,而对社会主义社会中的改革的研究则需要加强。即使对民主革命和社会主义革命的研究,也不是很完善的。如确定革命性质以确定社会性质为前提，就是说要认清中国的国情，而国情的认识在党史研究中往往只归结为对半殖民地半封建社会特点的描述。其实，国情就是社会的情况，也就是社会生活诸方面的情况。对此，应该进行认真的研究，才能透彻地掌握国情。又如对革命对象的研究，往往只满足于把反革命势力当革命势力的陪衬来考察，也就是说把反革命势力方面的情况只当作背景来介绍，这是很不够的。近些年来，对反革命势力方面的研究有所加强，但又出现美化倾向，也是不应该的。正确的做法应该是把反革命势力作为两军对垒之一方，对其统治下的社会政治、经济、文化现状全面研究，并做出恰如其分的评价。再如对革命动力的研究，往往不注意分析各革命阶级对革命态度的转变过程的考察。对中国共产党领导的社会主义革命的研究，给人的印象似乎各革命阶级、阶层一开始就那么愿意走社会主义道路，其实没这么简单。按说民主革命胜利已使广大中国人民认同了中国共产党的领导，那么走社会主义道路的问题应该随之解决。因为中国共产党早已宣布中国革命要分两步走，走完第一步，自然接着就走第二步。可是，人们的认识并不是完全按照这样的逻辑去进行的。因为人们对社会主义并不了解，只听说苏联的社会主义是"楼上楼下，电灯电话"，但更多的是把社会主义同"共产"和"消灭"个人私有联系起来。一般说来，工人阶级中问题不大，是拥护社会主义的。农民中除少数积极分子外，多数就未必如此，因为他们参加民主革命的目的就是想得到土地，不受地主的剥削和压迫，自由发展。他们对搞社会主义，土地归集体所有，并不感兴趣，甚至有害怕心理，尤其刚刚解放的广大地区的农民更是如此。当然，在民主革命过程中，广大农民逐渐体验到，跟着共产党走没有错，共产党不会骗人，所以虽不那么愿意搞社会主义，但却不反对，仍跟着往前走。城市中其他劳动者，主要关心的是自己生活如何提高，对搞社会主义有人害怕，有人无所谓，公开反对的极少，议论也多在背后。知识分子有积极拥护社会主义的，也有取观望或怀疑态度的。至于作为社会主义革命要消灭的对象民族资产阶级，虽然共产党说清楚了要和平过渡，但他们还是不愿意走这条道。不过，他们知道共产党非搞社会主义不行，所以，就一方面表示拥护，另一方面希望搞社会主义的时间能往后拖，有些人甚至消极抵抗,少数人还在做走资本主义道路的梦。这样,对走社会主义道路的认同,还需要个过程。历史的发展总不以个人的意志为转移,既然历史已经证明,在中国不可能走资本主义道路,那么,民主革命胜利后,中国就只能走社会主义道路,这是历史发展的必由之路。因此,从 1953 年起就进入了生产资料私有制社会主义改造的阶段。经过实践,大多数人消除了误解,提高了认识,才逐渐自觉地在社会主义道路上迈进。

对社会主义社会中改革这一革命性变革的研究,由于时间较短,显得薄弱,也是很自然的。但是,改革开放的步伐很快,对这段历史的发展的研究必须予以重视,否则很难使党史研究达到为社会主义现代化服务的目的。这方面的研究,特别要注意到它的特点。前边说到,在社会主义社会里,革命性变革与进化交织在一起,这就是特点。它不同于革命时期,进化与革命分得比较清楚,而这里的改革则是一个相当长的时期。这是因为改革是中国共产党领导下的社会主义制度的自我完善,以扫除发展生产力的障碍,不需要改变政权性质,不需要一次性打碎国家机器。人们只要在日常生活中,在社会主义现代化建设中,在社会演化过程中,把那些存在于政治、经济、文化诸领域中的不利于生产力发展的体制及其他因素逐步改变,就可以达到目的。建国后相当长一段时间,国家经济和人民生活没有多大发展和提高,最重要的是体制上存在弊端。过于僵化、过于集中的体制,使社会各方面缺乏生机和活力,束缚了生产力的发展。只有彻底变革,才能解放生产力,发展生产力。这种和平的革命性变革,并不是没有斗争、没有痛苦、没有风险的。邓小平说:"我们正在做的改革这件事是够大胆的。但是,如果我们不这样做,前进就困难了。""这是一件很重要的必须做的事,尽管是有风险的事。"①在改革中,必须同"左"的倾向做斗争,也要同右的倾向做斗争。邓小平说:"右可以葬送社会主义,'左'也可以葬送社会主义。中国要警惕右,但主要是防止'左'。"②因

---

① 《邓小平文选》第 3 卷,第 113 页。
② 《邓小平文选》第 3 卷,第 375 页。

此,一方面要坚持改革开放,不容动摇,不能后退,另一方面要坚持四项基本原则,不允许把改革作为向资本主义制度演变的途径。在改革中,还要同腐败现象进行斗争。邓小平强调:"在整个改革开放过程中都要反对腐败。对干部和共产党员来说,廉政建设要作为大事来抓。"①改革对所有的人说,既有欢乐,也有痛苦,而且是痛苦在前,欢乐在后。改革要使人们把某些习惯了的东西丢掉,要使人们暂时牺牲某些个人利益,自然会产生痛苦的感受。所以,人人都赞成改革,一改到自己头上或发生些看不惯的事,就要发牢骚,甚至做出妨碍改革的事来。对于改革的研究,还应该考察其性质、对象、任务、动力、前途及意义等方面的问题。另外,还应该注意到,改革既然涉及社会生活诸领域,因而就要研究各个领域的改革过程,以便全面揭示改革的历史。

研究中国近现代社会革命,还要研究国际环境。因为无论民主革命、社会主义革命和社会主义社会的改革,都要受国际环境的制约。有利的国际环境,可以使一国的社会革命顺利发展;相反,不利的国际环境,则能够推迟社会革命的进度。如党的十一届三中全会以后,中国从国际形势的变化和国内社会主义现代化建设的需要出发,重新调整了对外政策,使外交工作成就显著,从而开创了对外关系的新局面。这主要表现在:(1)与周边国家建立和发展睦邻友好关系,边境安宁,边贸繁荣。建设和平、稳定的周边环境,不仅符合中国人民和邻国人民的共同利益,而且也有利于亚洲和世界的和平与发展。近些年来,中国与韩国、新加坡、文莱等国建立了外交关系,恢复了与印度尼西亚中断20多年的外交关系,加强了与早已建交的国家经济、文化交流,特别是中日关系进入了新的发展阶段。(2)进一步密切和加强了与广大发展中国家的团结与合作关系。中国主张以"平等互利、讲究实效、形式多样、共同发展"为基本原则,建立与发展相互间的经济技术合作关系。中国不介入发展中国家之间的分歧和争端,不干涉这些国家的内政。近年来,中国与不少发展中国家的领导人互访,使友好合作关系不断得到推进。(3)继续保持和发展同苏联各

---

① 《邓小平文选》第3卷,第379页。

共和国及东欧各国的关系。苏联解体后,中国已与苏联各共和国均建立起外交关系,并积极发展相互间的贸易关系和经济技术合作,取得了一定成果。中国尊重东欧各国人民的选择,希望继续保持传统的友好关系,发展相互间的合作。中国的主张,得到东欧各国的普遍响应。(4)进一步恢复和发展同西方国家的关系。中国希望在互相尊重、求同存异、互不干涉内政、平等互利的基础上,同西方国家的关系能得到改善。中国一贯重视中美两国关系,在坚持原则的前提下,努力使之逐步恢复和改善。(5)重视联合国作用,积极参加国际事务。这方面成效也是很大的,中国在国际上的地位不断提高。外交工作新局面的开创,为中国社会主义现代化建设提供了一个良好的国际环境。这种国际环境的存在和发展,必将推动我国社会主义现代化建设事业取得更大的成就。

研究社会变革及其对社会进化的推动,才能更深刻地解释中国共产党的历史发展。

第三,应该以中国近现代社会史为基础深化党史研究。

考察近现代中国社会的演化和变革,是中国近现代社会史的任务,所以,要深化党史研究就必须以中国近现代社会史为基础。可惜的是,国内关于这方面的研究还很弱,研究成果不多,研究力量不大,难以为党史研究提供较好的基础。因此,党史研究工作者不得不自己动手,搞点有关中国近现代社会史的研究,然后再把党史研究深化。这样做表面上好像慢了一点,实际上会更快地发展党史研究。

对于社会史,国内外学术界有不同见解。1972年在纽约出版的《国际社会科学大百科全书》中关于社会史的定义做了如下的介绍:"一些人认为,社会史应包括历史上出现过的社会所有的全部生活和文化。另一些人主张社会史最恰当的定义应指向那些经过政治、经济提取后的剩余物以及诸如宗教信仰和技术这类大文化的范围。还有一些人把社会史更狭隘地限制在家庭与公共的风俗、习惯、观念等等不同的部分。"1982年日本出版的《社会学小辞典》中认为:社会史"广义地说,一般是指社会的全部历史。狭义而论,与经济史、政治史、文化史等等仍有所区别。它是作为社会阶级与阶层、社会关系等相对固定了的社会构造的历史"。另外,国外还有社会史是"不涉及政治的人民史"①的说法。在国内,有代表性的是冯尔康等编著的《中国社会史研究概述》。该书认为:"中国社会史是研究历史上人们社会生活的运动体系。多说几句话就是:中国社会史以人们的群体生活与生活方式为研究对象,以社会结构、社会组织、人口、社区、物质与生活习俗为研究范畴,揭示它本身在历史上的发展变化及其历史进程中的作用和地位"。从该书对社会史与政治史、经济史、文化史及其他专史的区别的分析来看,其所说社会生活只是人们一般理解的社会生活的一部分。所以,该书在另外一个地方又说:"社会史是全部社会历史的组成部分,是在全部历史上侧重于社会下层的社会生活部分及一些基础制度部分。"

我认为,社会史是一门综合性学科,是历史学中层次最高的部分,是立于各类专史之上的学科。社会是由一定的经济基础和上层建筑构成的整体,是动态的具有复杂相互关系的人群结构。研究社会,必须考察社会的经济、政治、文化状况,考察社会组织、社会阶级和阶层、社会关系、社会意识形态、社会心理、社会生活方式以及人们的思维方式,等等。总之,研究社会,就要研究物质和精神的社会生活诸方面。所以,研究社会史,也就是研究社会生活诸方面之史的演化和变革。这样,社会史的对象,应该说是社会整体发展的全过程,其范围极其广泛。

强调社会史是研究社会生活的一部分的说法,乍一看有一定道理,细一想就有点问题了,被排除的部分恰是社会生活的重要部分。如经济生活就是社会生活的重要部分,而经济生活中的生产力与生产关系的关系则是经济生活与其他社会生活基础,不研究它怎么能解释社会诸现象呢?又如,在阶级社会中,阶级斗争是社会生活的重要部分,排除这部分,很多问题就说不清楚。其实,社会生活的任何一个方面,都可以独立成专史,如家庭演变史、社会关系演变史、生活方式演变史、社会心理变迁史、人口变迁史,等等,各有其丰富的内容。既然经济史、政治史、文化史可以排除,为什么上述各种专史不能排除呢?如果把一个个专史排除掉,或设法

---

① 《新社会学词典》,第308页。

把社会史同各种专史区别开来,社会史最后就没有内容了。我觉得,把经济、政治、文化等专史不研究的内容归之于社会史,然后将其对象称之为社会生活,并非好办法。社会史不是研究"经过政治、经济提取后的剩余物",而是研究社会的全部历史。

说社会史主要是描述社会下层群众生活的,我以为也不妥。因为即使像政治制度、政治事件之类的社会现象,也不是只与社会上层大人物有关。如果社会史只研究社会下层群众活动,恰恰把社会截然分开,使那些以政治、经济、文化为核心,其他社会生活概不涉及的历史叙述完全成为社会上层人物的历史。强调描述下层群众活动是对的,是符合唯物史观的。我们常说人民群众是历史的创造者,是历史上起决定性作用的力量,可在诸多的历史著述中却很难找到人民群众实在的而不是抽象的身影。其实,每一历史进程,人民群众都是参与的,只不过形式不同,程度不同而已。我们的任务就是通过研究,把社会下层活动同上层人物活动连接起来,把社会下层群众活动同重大的政治、经济、文化现象连接起来,而不是设立社会史把它们分开。由此也可以看出,"不涉及政治的人民史"的说法就更不对了。因为完全脱离开政治而写非政治性的群众生活,那是毫无意义的。严格地说,能够上史书的群众生活,也很难完全脱离政治。表面上似乎与政治无关,其实总有千丝万缕的联系。社会作为一个整体,经济是基础,政治是上层建筑的核心,一切社会现象包括人们的日常生活,如吃、穿等,都与其有不同程度的关系。我们的任务恰恰是要通过揭示这种关系,更好地说明人民群众的历史作用。

研究社会史的作用,其一是从社会生活诸方面综合说明社会整体的历史发展。社会是复杂的,它的演化和变革是多种因素造成的,是社会合力的结果。历史学的首要任务就是要综合说明社会是怎样向前发展的,为此,必须研究社会史。其二是为深入研究社会生活诸方面的专史打基础。研究任何一门专史,必须有社会整体观念;而社会生活各个领域又是相互沟通的,某一领域发生的历史现象必须到另一领域中寻找原因。马克思在《马志尼和拿破仑》中曾说过:"现代历史著述方面的一切真正进步,都是当历史学家从政治形式的外表深入到社会生活的深处时才取得的。"

应该怎样以中国近现代社会史为基础深化党史研究呢？当然不是把中共党史改成中国近现代社会史，而是对党史中的重大问题，包括大的历史事件和有影响的历史人物的思想及实践，利用中国近现代社会史研究的成果，从社会生活诸方面进行分析，找出形成某个重大历史现象的复杂的综合的原因，并描述其产生的影响在社会生活诸领域的反映。如在中国，为什么要革命，革谁的命，谁来革命，革命的目的，建设的出发点、道路、方针和政策、前景等问题，都需要从中国近现代社会生活诸方面去做综合解释。又如研究白区工作，仅地下党的机关设置地点，就必须研究城市地理环境、人际关系等问题，而其工作方法又常常与风俗习惯、生活方式有关。当然，这里并不要求对党史每一个小问题都做这样的综合分析，事实上也不可能进行这样的分析。另外，即使重大的问题的分析，也不是都要无遗漏地涉及社会生活诸领域，而是应该根据某个问题和哪些领域关系密切，有重点地进行分析。再有，以社会史为基础，是为了深化党史研究，而不是叙述社会史本身，目的一定要明确。就是说，利用社会史研究成果时，要同党史的问题联系起来。如社会史研究风俗习惯的变迁，自然要用很多材料叙述变迁的过程，并说明导致这种变迁的原因。但党史研究者的任务，则是要利用这些材料分析这种变迁与共产党领导革命和建设有什么关系。这方面的具体例子，在下面谈社会心理时会涉及到。又如前面举出的教育事业方面的例子，也说明了应如何把教育事业同革命和建设联系起来。总之，以中国近现代社会史为基础深化党史研究也是个新问题，有待研究者进一步探讨。

以上所说的几个方面，大体上说明唯物史观关于社会进化和革命的观点与中共党史学主体部分的关系。至于谈到文献学、史料学方面的情况，应该说，无论史料、文献的收集、编辑，还是对史料、文献的考据、校勘和版本研究，涉及社会进化和革命的内容还是比较多的。问题是人们主观上不重视社会进化，很少从社会进化的角度研究和编辑史料、文献，很少从社会进化的角度利用史料、文献。从深化党史研究的需要出发，人们的观念必须转变，重视有关社会进化的史料、文献的研究、编辑，使研究者便于使用。至于在对史著和史家的评论中,由手已有的以中国近现代社会史为基础的党史著作几乎没有,所以不可能得到反映。我想,如果人们的观念得到转变,写出这方面的专著,一定会引起注意,及时评论,推动党史学的发展。

四

社会意识与党史学

　　我在提倡以中国近现代社会史深化党史研究过程中,始终注意社会意识特别是社会心理的研究。我曾经指导我的博士生专门研究这方面的问题,以便从更深的层次探讨党的历史发展。当然,这种研究不是一朝一夕可以奏效,但走一步落一个脚印,对后人的研究总会有好处的。

　　唯物史观非常重视社会意识的研究。因为作为整个社会历史活动主体的人是有意识的,社会的人的意识即社会意识必然在社会生活诸方面表现出来,成为社会生活的重要组成部分。唯物史观认为社会意识决定于社会存在,也就是说社会意识是社会存在的过程和条件在观念上的反映。马克思在《〈政治经济学批判〉序言》中说过一句名言:"不是人们的意识决定人们的存在,相反,是人们的社会存在决定人们的意识。"所以,马克思恩格斯在解释意识、存在的概念时说:"意识在任何时候都只能是被意识到了的存在,而人们的存在就是他们的实际生活的过程。"① 但是,唯物史观同时又认为,社会意识具有相对独立性,并且能够对社会存在产生能动的反作用。它能够促进或加速社会存在的变化发展,也能够阻碍或延续社会存在的变化发展。马克思讲的"理论一经掌握群众,也会变

---

① 《马克思恩格斯选集》第1卷,第30页。

成物质力量"①,列宁讲的"没有革命的理论,就不会有革命的运动"②,都是对社会意识反作用的说明。社会意识和社会存在的关系问题,历来是社会历史观的根本问题。一切唯心主义者都把社会意识看成是决定性的东西,得出违反常识的结论,显然是错误的。机械唯物论否定社会意识的相对独立性,否定社会意识对社会存在的反作用,也是不对的。马克思主义的唯物史观正确解释了社会意识和社会存在的辩证关系,按恩格斯的说法是:"给一切唯心主义,甚至给最隐蔽的唯心主义当头一棒"③。

在党史研究中探讨社会意识问题,首先应该注意社会存在决定社会意识这一根本的前提。

第一,应该注意到每一历史时代的物质生产以及由此产生的社会结构,是该时代政治的、精神的和历史的基础。因此,每一历史时代的观念和思想都应由这一基础来说明。

党史在研究自身所处时代的社会意识时,丝毫不能忽视考察这些社会意识所由产生的社会物质条件。如马克思主义在中国的传播,从开始到今天都有一定的社会物质条件。否则,马克思主义就不能在中国立足、发展。在党史研究中,通常注意到的只是某种系统化的社会意识所由产生的政治条件,即指出由于某种政治斗争的需要而出现了某种系统化了的社会意识。这虽然是对的,但没有能揭示其产生的最终根源。也有的时候,研究者注意到从经济基础方面考察,但又多是做整体性分析,而较少具体分析某种系统化了社会意识中最有代表性,最主要的观点所由产生的社会物质条件。更有甚者,在叙述某种系统化了的社会意识时,完全不分析其产生的任何条件,似乎是从天上掉下来的。以上几种毛病,使党史研究中这一重要内容在叙述和分析上缺乏深刻性和说服力。这在我主编的书中,就有类似的毛病。在别人的著作中,也时常会看到,可称之为通病。

当然,有时候,某种系统化了的社会意识的出现,并不直接反映经济

---

① 《马克思恩格斯选集》第 1 卷,第 9 页。
② 《列宁选集》第 1 卷,第 241 页。
③ 《马克思恩格斯选集》第 2 卷,第 118 页。

基础的变化,而主要是某种政治需要的产物。对于这类思潮,还是应该从总体上分析比较稳定的、并无多大变化的经济条件;但更应该注意研究与政治需要有关的具体的经济条件,研究某种系统化了的社会意识的最有代表性的、最主要的观点与社会存在的关系,从而揭示其本质。如抗战时期出现的战国策派,并不是一个很有影响的文化团体,存在的时间也不长。一般党史教材中很少涉及,但深入研究党史,不能不注意到同战国策派进行斗争是当时中国共产党理论家的一项任务。今天,对于这个派别的思想进行研究,不仅应该弄清楚他们的政治主张、哲学观点,指出他们如何宣扬法西斯主义,为巩固蒋介石统治效劳,还应该研究这一派别的思想所由产生的社会物质条件。我以为,至少有两点需要注意到:(1)从宏观上看,像战国策派这类反动的文化团体,都是半殖民地半封建社会经济结构基础上产生的怪胎。不能说这类思潮产生的社会经济条件都一样,就一概不分析。(2)从微观上看,1940 年到 1942 年是国民党统治区经济发展比较好的时候。据陈真编《中国近代工业史资料》载:国营和私营工矿企业投资额,1935 年为 25084.4 万元,1942 年为 193900 万元。据 1943 年《国民政府年鉴》载:川、桂、滇、黔等 4 省谷的产量 1936 年为 185888000 市担,1942 年为 255320000 市担;麦的产量 1936 年为 89764000 市担,1942 年为 117878000 市担;棉的产量 1936 年为 873000 市担,1942 年为 1529000 市担。经济上的稳定,使国民党顽固派在政治上更持强硬态度。如果把战国策派的政治主张,与这种情况联系起来,会有助于分析的深入。

第二,应该注意到社会意识随着人们的生活条件、社会关系,即社会存在的变化而变化。也就是说,社会的精神生产随着社会的物质生产的改造而改造。因此,要研究社会存在的变化发展如何引起社会意识的变化发展。

迄今为止,中国共产党的历史发展只经历过两次社会经济、政治制度的根本变革,即半殖民地半封建社会变为新民主主义社会、新民主主义社会变为社会主义社会。这种变革所引起的社会意识的变化,党史研究无疑应该重视。不仅如此,在社会经济基础并未发生根本变革,而处于量变过程中,也会引起社会意识的某种变化。对于这种变化,党史研究也不容忽视。如民主主义意识是贯穿于近代中国始终的一股有很大影响的思潮,其经济基础主要是民族资本主义。而资本主义经济在近代中国的不同历史阶段的发展程度不同,因而民主主义意识也有不同表现。不注意这种变化,不研究这种变化特点及其根本原因,只能使研究停留于表面。

上面说的是社会存在决定社会意识在党史研究中应该注意之点,至于社会意识的相对独立性,社会意识对社会存在的反作用方面,在中国共产党历史发展过程中也表现得非常明显。因此,这方面同样构成党史研究的重要内容。社会意识是分层次的。一般说来,由于发展水平和概括程度的差别,基本上分为两个层次,即系统化的社会意识和非系统化的社会意识。

非系统化社会意识,即社会心理。社会心理是一种低水平的社会意识。在日常社会生活中,在人们的相互交往范围内,存在着大量没有系统化的思维因素,某些知识的片断,如关于"好"与"坏"、"公平"与"不公平"、"美"与"丑"等没有经过深思熟虑的"半自觉的"模糊概念;种种日常生活习惯和风俗;有关社会生活的类似快乐与悲哀、赞赏或不满、渴望或绝望、期待或担心、支持和反抗等意向和念头。所有这些现象,在社会意义上称之为社会心理。

社会心理在社会上的表现并不是单一的,而是依不同民族、不同阶级、不同群体区分不同。所以,社会心理有阶级心理、集团心理、职业心理,等等之别。简言之,社会心理是一种与日常生活相联系的初级的社会意识,是一定时期特定的民族、阶级或其他社会共同体中普遍流行的、共同的、典型的精神状态。它包括人们的要求、愿望、情感、情绪、习惯、风尚、情趣,等等。在众多的社会心理中,阶级心理是阶级社会里一种主要的群体心理。各个阶级由于经济地位和生活方式不同,其心理状态也就各有特点。各个阶级的心理反映了本阶级的要求、愿望和精神面貌,不但影响着本阶级的发展,而且在社会上也起着交织影响作用。民族心理则无论在阶级社会还是非阶级社会,都是起重要作用的社会心理。这种心理在长期历史发展中形成的,因而是一种最稳固的、最持久的、最强烈的社会心理,对民族的发展具有强烈的影响。从社会意识和社会存在的关系上看,社会心理是社会存在的直接反映,是系统化的社会意识反映社会存在的中介,是系统化的社会意识的思想源泉或称素材源泉。前者犹如一座仓库,贮存着大量没有经过加工的原材料,后者依不同需要任取一种或数种经过不同程序的加工而制出成品。也可以说,系统化的社会意识是非系统化社会意识的凝聚物、结晶体。当然,系统化的社会意识并不是非系统化社会意识自发形成的凝聚物,但前者一定要以后者为基础。同时,社会心理对于社会存在的反作用是非常明显的,即使很先进的思想体系如果不能反映群众的要求和愿望,也无法对社会实践起指导作用。由此可以看出,社会心理是一个非常值得研究的领域。普列汉诺夫说:"要了解某一国家的科学思想史或艺术史,只知道它的经济是不够的。必须知道如何从经济进而研究社会心理,对于社会心理若没有精细的研究与了解,思想体系的历史的唯物主义解释根本就不可能。"[1]这一段话,精辟地说明研究社会心理的重要性。

非系统化的社会意识与中国共产党历史发展的过程,有着紧密的关系。

第一,与中国共产党的指导思想、路线、方针、政策的关系:这种关系从中国共产党成立之前,部分具有民主主义思想的先进知识分子接受马克思主义时就开始了。应该说,他们接受马克思主义,是以中华民族和中国无产阶级的心理为基础的。身受帝国主义、封建主义和资本主义压迫的中国无产阶级从诞生时起就对剥削者和压迫者进行反抗,这表明他们已有一种共同的阶级心理,即不满情绪和力图改变现有生活条件的要求、愿望。这种要求和愿望,随着被剥削和被压迫的加深,随着无产阶级队伍的壮大,不断升华,从模糊逐渐明朗。由于中国无产阶级有相当大的部分直接受外国资本家的剥削和压迫,故而他们的斗争自然带上民族色彩,并能较快超出经济领域而进入政治领域。这样,中国无产阶级的心理就形成自身的特色。至于中华民族的心理的主流,则是鸦片战争以来,因帝国

---

[1] 《普列汉诺夫哲学著作选集》第2卷,第273页。

主义列强入侵逐步加深中国人民灾难而形成的强烈的民族反抗意识和救亡图存意识。对于中华民族心理和中国无产阶级心理,当时的先进知识分子十分重视。李大钊在接受马克思主义之前,特别强调要重视民间的舆论。他说:"基础社会之心理,实有以秘持真正舆论之权威",故"不可漠视"①。中国先进知识分子正是以上述民族心理和阶级心理为基础,形成自己的为救国救民而努力寻求真理的决心。于是,十月革命以后,他们接受了马克思主义。考察中国先进知识分子拥护十月革命,接受马克思主义,转变为具有初步共产主义思想的知识分子,并最后成为坚定的马克思主义者的全过程,可以得知他们对民族和人民的深厚感情,为拯救民族和人民而献身的精神,在实现这一转变中,起着重要的乃至决定性的作用。李大钊在分析中国人民欢迎十月革命的原因时曾指出:"我们劳苦的民众,在二重乃至数重压迫之下,忽然听到十月革命喊出的'颠覆世界的资本主义'、'颠覆世界的帝国主义'的呼声。这种声音在我们的耳鼓里,格外沉痛,格外严重,格外有意义。"②这种分析,正是他自己以及和他同时的先进知识分子在十月革命后一段时间的思想写照。许多当时的先进分子在后来的回忆中,也几乎都说到他们欢迎十月革命,接受马克思主义的心理基础。吴玉章在回忆中说到,他有一种强烈愿望,想让地主、资本家剥削农民、工人的现象绝迹,而布尔什维克的主张"不做工,不得食",自然就接受了。邓颖超在回忆中也说,当时他们有满腔的爱国热情,为了救国,争取民主,勇于牺牲一切,当知道十月革命把大多数被压迫者解放了,要实现一个没有阶级的社会,就引起了同情和憧憬。

如果说在上述过程中,还只是以中华民族心理和无产阶级心理为基础,那么,到了中国共产党成立时,就开始把这些社会心理升华为指导思想。研究中国共产党第一次到第二次全国代表大会期间的文件,能够看到其内容正是中华民族、中国无产阶级和广大劳动人民心理的凝聚物,是诸种社会心理加以马克思主义系统化的结晶。党的一大文件提出推翻资

---

① 《李大钊选集》(上),第494页。
② 《李大钊选集》(下),第577页。

本家政权,建立无产阶级专政,消灭私有制,消灭阶级。已不仅是无产阶级的心理,而是把无产阶级的愿望和要求上升为指导无产阶级革命的纲领。但是,这个纲领只反映了一般无产阶级的愿望和要求,没有涉及反帝反封建的问题,因而脱离了包括中国无产阶级在内的中华民族和广大劳动人民的心理实际。大会过后不久,情况有了变化,党提高了认识。这种新的认识,在党的文件中逐渐反映出来。到党的二大则指出中国革命只能分为两步,而且规定了党的最高纲领和最低纲领。后者即民主革命纲领,反映了中华民族和包括无产阶级在内的劳动人民的愿望和要求;而实现社会主义和共产主义的最高纲领无疑是无产阶级利益的体现,当然它也从根本上代表了中华民族和劳动人民的利益。这样,民族性、人民性、阶级性就集中于一身。此后,在中国共产党的正确的指导思想、路线、方针、政策中,都体现着民族性、人民性、阶级性的统一。

一般说来,中国共产党的正确的指导思想、路线、方针、政策,都是用马克思主义对正确的或大致正确的传统的和新出现的社会心理的总结,是对一些错误的社会心理批评的结果。各类社会心理并不都是正确的,对某些错误的情绪、习惯、愿望、要求等等,不能迁就,而应该批评、纠正,中国共产党特别注意这一点。如在革命之初,党就对无产阶级中相信命运的迷信心理,做了大量的工作,用马克思主义的科学道理启发工人特别是落后工人的觉悟。没有这种努力,就不能使无产阶级勇敢地参加战斗。又如,在新民主主义革命即将取得胜利之时,党内有人表现出来不正常的心理。毛泽东及时抓住,指出可能会滋长骄傲情绪、不求进步情绪、以功臣自居情绪、贪图享受情绪,并说明它的危害性。在对党内某些错误心理的分析和批评的基础上,毛泽东形成了几个带有指导性的观点。再如,土地改革中,广大贫苦农民既有正确的要求,也有不正确的过分要求。党制定的路线、方针、政策,既满足农民的正确要求,又制止了农民的不正确要求。由此也可以看出,凡是党的错误的指导思想、路线、方针、政策,往往同错误的社会心理相联系,或者同错误地升华社会心理有联系。也就是说,对一种或多种与党的事业有关的错误的传统的或新产生的社会心理,作为党的领导层不加分辨,直接以此种社会心理为基础,把群众性的错误的情感、情绪、愿望、要求直接反映在路线、方针、政策中。如1927年大革命失败后,在无产阶级和革命群众中,在党员干部中,产生一种复仇心理和拼命心理。这是可以理解的,因为敌人疯狂屠杀自己的阶级弟兄、屠杀无辜的群众,我们为什么不可以拿起刀来反抗呢? 但是,在这种情绪的支配下,人们就不去考虑主客观条件,只想"杀一个够本,杀俩赚一个"。这显然是不行的,结果会使革命力量更加削弱。对这种情绪,党应该正确引导,以聚集革命力量,等待时机,组织反击。但是,当时党中央的某些领导人没有这样做,反而鼓动这种拼命情绪,并把这种情绪直接上升为指导思想,使"左"倾机会主义在党中央占据统治地位,给革命造成极大损失。又如,中国革命胜利后,长期受剥削和受压迫的中国人民早已形成的急于改变现状的心理更加发展,希望早日改变中国的贫穷、落后面貌。1958年以前,由于党中央和毛泽东能够从实际出发制定路线、方针、政策,从而使这种传统的急于求成的心理转化为艰苦奋斗精神和脚踏实地的工作态度。可是,到1957年底,毛泽东提出"大跃进"思想,要在短时间内赶英超美,实现工农业生产的高速度发展。显然,这是完全不切实际的。它是群众中的急于求成的社会心理的自然反映,当其一旦形成指导思想又助长着此种心理的发展,两者相互影响,造成极大的实践上的损失。总之,非系统化的社会意识对中国共产党的指导思想、路线、方针、政策的形成、发展,有很大的影响。

第二,与解放和发展生产力的关系:总体上说来,改变中国落后、贫穷面貌,过幸福生活,是自鸦片战争以来中华民族和一切有良心的中国人的强烈愿望和要求,这构成了中国近现代历史发展全过程的社会心理基础。因此,作为达到这一目的的手段,解放和发展生产力必然得到中国最广大人民群众的支持和拥护。当然,在这个过程的不同阶段中,不同阶级、不同阶层、不同集团表现出来的心理状态不同,而且其中也不乏变化,要做具体分析。

下面分析一下国民革命前夕一般民众的政治心理与随后兴起的国民革命的关系,以窥一斑。如前所述,解放生产力是民主革命的主题,而完成解放生产力的主要手段是武装斗争。国民革命是国共合作旨在推翻北洋军阀统治的武装斗争,这一斗争有着充分的社会心理基础。辛亥革命结束了封建专制统治,建立了中华民国,其一般民众心理基础是挽救民族危亡。但他们对民主共和制度本身则在心理上准备不足,故当国体定下来之后,对共和制度下民众的权利和义务根本弄不清,也没有什么要求,只希望社会安定。在《东方杂志》第 9 卷第 5 号中有一篇文章说得好:"至此次革命,固以原理为动机,然特少数之先觉者,怀抱此理想耳。就大多数国民之心理观之,则共和政体之发生,仍依据于事实,而非根本之原理。"袁世凯复辟帝制失败后,一般民众的政治心理有所变化,开始懂得共和制度的好处,表现出很大的热情。随后,经过新文化运动的宣传,特别是五四政治运动的实践,一般民众的政治心理发生了一个大的转变,参政意识空前加强,成为 20 年代中期"国民革命"观念的心理先兆。

下面的三个民意测验,大体上可以窥见 1922 年、1923 年一般民众的政治心理状况:

1922 年 11 月 14 日,北京高师纪念日之民意测验中问"你将举谁作大总统?"孙中山得 327 票,占全部合格票的 56%。

1923 年 4 月 13 日,北京公民常识测验中问"你欢迎资本主义吗?""不欢迎"者 1991 票,占合格票的 73%。又问"你赞成社会主义吗?""赞成"者 2096 票,占合格票的 76%。

1923 年 12 月 17 日,北京大学 25 周年纪念日民意测验中问对曹锟做总统的感想,不赞成的最多,为 782 票。问何种方法可救国,赞成国民革命的最多,为 725 票。问俄国与美国谁是朋友,主张以俄为友者最多,为 497 票。问国内外大人物为谁,世界大人物列宁居首位,得 227 票;国内大人物孙中山居首位,得 473 票。问相信何种主义,"社会主义"得 291 票,"三民主义"得 233 票。

这三个民意测验反映的情况不能说很准确,尤其测验范围有局限性,不但没有农民,城市下层劳动群众也很少。尽管这样,还是可以由此了解到在国民革命前夕一般民众政治心理已达到如下的程度:首先,孙中山在他们的心目中享有最高地位。这一方面说明以孙中山为代表的革命民主派已逐步有了广泛的民众基础;另一方面说明孙中山所倡导的革命方式也逐步为民众所理解和接受。其次,对北洋军阀统治的假共和已十分不满。再次,对"社会主义"有很大兴趣,对苏俄有好感。最后,开始接受"国民革命"。如果以上的分析基本上无误,那么,就可以说,1924年以后兴起的旨在推翻北洋军阀统治的国民革命确有牢固的广泛的社会心理基础。由此能够说明,社会心理与解放和发展生产力是有直接关系的。

以上两点并没有包括社会心理与中国共产党历史发展过程的全部联系,只是从大的方面或者说从最基本的方面进行了范例考察。其实,社会心理的内容还很多,与中国共产党历史发展过程都有联系。像社会习俗这种比较稳定的协调人们日常生活的社会规范,似乎与革命没有什么关系。仔细研究,确实有关系。社会习俗是一定历史条件下社会关系和社会需要的心理表现,它虽比较稳定,但在社会大动荡的年代里,也会发生较大的变化。还以辛亥革命后的变化为例:从大量的有关衣、食、住、行和交往礼仪的材料看,出现一种"文明化"倾向。1910年上海有营业执照的轿子为331个,到1919年只有16个,显然是逐渐被淘汰了。1918年上海出现了有轨电车,人们不大接受,不得不免费招揽乘客,可是到1920年,在北京的一次民意测验中,回答"北京地方上急当设立的是什么"一问时,以电车为最多。可见,人们的观念逐渐变化。这种习俗上的"文明化"倾向,同北洋军阀统治时期社会心理呈现出来的民主主义倾向是完全一致的。民主主义倾向能够深入到社会习俗之中,可见其力量之大,说明它是一种不可阻挡的趋势。对于一般民众来说,相当多的人社会政治观念不明朗,或者说他们并不主动关心政治,但他们既然生活在这个社会上,就不能不受客观上存在着的日益增长的民主主义的影响,从而在日常生活的追求上表现出来所受影响的痕迹。这实际上是对国民革命半本能、半自觉的支持。斯大林说得好,在社会革命中,如果不依靠千百万人的"半本能的支持"和"半自觉的支持","最优秀的少数人也是无能为力的"[①]。

非系统化社会意识与中国共产党历史发展过程的关系,可以大致概

---

① 《斯大林选集》下卷,第360页。

括为二：一是为系统化社会意识提供基础；一是表明社会演化和变革的群众基础。可见，党史研究应该重视社会心理，这能够加强叙述和结论的说服力、深刻性。忽视研究社会心理，甚或认为多此一举，是不对的。其实，以往的研究也很重视说明党的指导思想、路线、方针、政策的群众基础，说明党领导的革命和建设事业的群众基础，当然是应该的。但是，这种说明往往比较抽象，缺乏说明力。解决这个问题的途径之一，是加强研究非系统化社会意识与中国共产党历史发展过程的关系。

以上所述及的，都是从中国共产党及其领导的革命和建设的角度着眼的。事情还有另外的方面，如果从近代中国革命敌人方面看，其统治的存在及为维护统治而进行的活动，也都有一定的社会心理基础。研究党史既然要研究敌人方面的情况，那么，其社会心理基础自不应忽略。

这样，在党史研究中，既要纵向考察不同时期的各种社会心理，又要横向分析同一时期内不同阶级、阶层、职业、群体的社会心理。由于党史的研究不能不把人们的政治活动当作重要内容集中考察，所以，不同时期政治心理的分析就是十分必要的了。如民国初建帝制推翻，本应为广大民众政治心理向民主主义方向变迁开辟道路，从而使民主革命更加深化。但是，那时候，民主共和观念并未深入人心，民众中缺乏民主常识的现象比比皆是。这是因为在革命过程中，民众对建立民主共和制度的心理准备不足。他们参加推翻清政府的心理动因，全出于爱国，挽救民族危亡，别无他想。如前所述，当国体一定，广大民众的心理状态立即转向企求社会安定、和平统一，而对共和制下的民主权利和义务漠不关心，更有甚者，相当多的人，特别是农民，对没有皇帝的社会心内很不安，这就埋下了后来袁世凯帝制自为的社会心理基础。当袁世凯已经一再破坏民主制度，废弃象征民主政体的《临时约法》，另颁"大总统选举法"，使自己成为事实上的可以传子世袭的终身总统时，各地民众不但没有政治危机感，反而弹冠相庆。武汉、南昌等地的商学工界，就举行了庆祝袁世凯"大总统选举法"颁布的活动。民国诞生第四个周年，袁政府不举行大规模庆祝活动，而民众也表现出十分冷淡的态度。那么，后来护国军政府在短时间内反袁告捷，有没有群众基础呢？虽然普通民众对袁世凯破坏《临时约法》，步步走向独裁、专制的面目认识不清，但对袁世凯政府统治下的一切丧权辱国的卖国行径及其实行的苛政却极为不满。军政府的讨袁檄文中指出：袁政府"对内则一味蛮横，对外则曲意将顺"。所以，"袁世凯即不做皇帝，也要将国事闹坏。但不做皇帝，还有总统任满的时候，别人可以补救。他既做皇帝，我们中国必定由他一手断送了。我们深怕亡国，所以出兵讨袁，是永护中华民国的意思，所以才叫做护国军哩"。从爱国的角度争取民众支持，完全符合当时民众的心理。经过护国运动，共和观念在民众的心目中的地位增强了。所以，这之后的国庆节，人们表现出少有的热情。据《申报》当时报道：南京在民国"三四两年皆寂然无所举动，今此共和再建"，"各界皆兴高采烈"；苏州"上中下社会人等瞻观灯会者，几有万人空巷之势"；无锡也是"自共和以来，举行国庆之第一盛况"。经过护国运动的宣传和实践以及对袁氏专制统治的切身体验，民众已把共和政体的存在与自己的命运紧紧地联系在一起了。又如，在国民政府统治时期，救亡的呼声、反内战和民主权利的要求这类社会政治心理，显然应该着重分析，因为它们与社会政治运动的发展直接有关。

党史研究中，很少分析到人们的宗教心理。其实，宗教在民众的心目中有深刻的影响，而这种影响在一定程度上左右着普通民众的政治方向。如北洋军阀统治时期，带有西方近代文化特征的基督教有了长足的发展。信教者越来越多，上至社会名流，下至普通百姓，都纷纷入教。像老舍这样思想较新的知识青年，也在 1922 年正式接受了基督教的洗礼。基督教的发展，是西方文明冲击中国社会的结果，是人们向往西方现代物质、文化生活的一种心理需要，在一定程度上影响着民主主义运动。又如，日本帝国主义侵华期间，在中国民众中盛行的"一贯道"，就是民族敌人利用人们的心理特点，散布迷信观念，进行愚民统治的手段。另外，从未被注意的经济心理的研究，在明确党史的主线是解放和发展生产力，实现社会现代化之后，就显得更为重要了。

系统化的社会意识是一种高水平的理论意识，是对社会存在的间接反映。从其与经济基础的关系来看，可以把系统化的社会意识分为属于上层建筑的社会意识形态和不属于上层建筑的非意识形态两种类型。前者是社会经济基础和政治制度在人们的意识中的反映,指的是有关政治、法律、道德、艺术、哲学、宗教等观点,通常称之为哲学社会科学领域。在阶级社会里,社会意识形态具有鲜明的阶级性。各种的主义、理论观点、思想体系,都为不同的阶级服务。马克思在《剩余价值理论》中说:"资产阶级社会把它曾经反对过的一切具有封建形式或专制形式的东西,以它自己所特有的形式再生产出来。因此,对这个社会阿谀奉承的人,尤其是对这个社会的上层阶级阿谀奉承的人,他们的首要业务就是,在理论上甚至为这些'非生产劳动者'中纯粹寄生的部分恢复地位,或者为其中不可缺少的部分的过分要求提供根据。事实上这就宣告了意识形态阶级等等是依附于资本家的。"在《新民主主义论》中,毛泽东用中国人特有的简练语言把事情说得更明白:"在阶级存在的条件之下,有多少阶级就有多少主义,甚至一个阶级的各集团中还各有各的主义。"一般说来,在阶级社会里,存在着三种社会意识形态,即反映占统治地位的经济和政治制度并为其服务的意识形态、旧社会的意识形态、反映成长着的新社会因素的新意识形态。它们之间不可避免地存在着不可调和的斗争。即使在社会主义社会里,由于旧的社会意识形态不可能一下子消失,因而这种斗争仍然会存在。至于意识形态中的正确与错误之间的斗争,则永远不会完结。以自然科学为主体的非意识形态与意识形态不同,直接与社会生产力相联系,不单为某一特定的经济政治制度服务,因而没有阶级性。当然,自然科学工作者与社会科学工作者一样,在阶级社会中,都分属于一定的阶级、集团,这是另外方面的问题。

如前所述,既然中国共产党的历史发展过程亦即解放和发展生产力的过程,而完成这个任务又要通过变革生产关系和上层建筑以及变革之后的改革,那么,反映社会经济和政治的意识形态自然成为党史的内容。这样,党史研究亦应包括意识形态部分。当然,从史的角度深入研究意识形态,要多学科来完成,诸如中国近现代思想史、毛泽东思想发展史、中国共产党思想史以及中国近现代政治思想史、中国近现代哲学思想史、中国近现代经济思想史、中国近现代文化史、中国近现代教育思想史,等等。但是,这些内容在党史研究中也应该有不同程度的反映,因为它们无论对共产党方面或对共产党的敌人方面的决策都有一定影响;反过来说,共产党方面或共产党敌人方面也往往通过意识形态领域贯彻意图,影响对方,争取群众。所以,如果党史研究中不涉及意识形态领域,对许多问题弄不明白,说不清楚。

第一,要重视研究社会上的重要思潮,特别要揭示各种思潮的哲学基础。

社会意识形态对社会存在既然具有反作用,而且这种反作用有时显得非常突出,因此,党史研究中对社会思潮的探讨,应该放在极其重要的位置上。

在近现代中国社会里,有各种各样的思潮。这些思潮对社会政治、经济的影响,有大有小,有强有弱。一般说来,占统治地位的思潮,在社会上的影响面较之不占统治地位的、存在时间不长、传播范围不广的思潮要大得多。当然,有的思潮虽始终没有占统治地位而因其代表的社会面极广,所以对社会产生的影响也很大。像无政府主义思潮就是这样。无政府作为一种社会政治思潮产生于19世纪的欧洲,法国的蒲鲁东是创始人。无政府主义是一种小资产阶级悲观失望的产物,是那些被资本主义剥削制度弄到破产的小私有者,企图保存自己财产从而幻想不要国家的社会的反映。因此,无政府主义在小资产阶级大量存在的国家,有可能得到广泛的传播。在帝国主义时代,由于资本集中日益加剧,小私有者备受排挤,就使无政府主义思想更加活跃起来。20世纪初期,无政府主义开始传入中国。中国现代工业不发达,小资产阶级大量存在的情况,给无政府主义传播提供了客观条件。半殖民地半封建旧中国的反动统治,和外国侵略者的掠夺,不仅使中国无产阶级的生活极端困苦,而且使小资产阶级的经济地位也处于动荡不安的状态中。中国的小资产阶级一方面强烈地反对反动统治者的强权,另一方面又害怕激烈的阶级斗争,只是幻想"理想社会"的降临。这样,就使一些小资产阶级的知识分子对无政府主义思想感到特别亲切。中国无政府主义的最初活动,是在法国巴黎和日本东京开始的。1907年7月21日,吴稚晖、李石曾等主办《新世纪》在巴黎创刊。与此同时,在日本,刘师培组织了社会主义讲习会,创办了《天义报》，次年又发行《衡报》。辛亥革命以后，无政府主义在中国得到进一步传播，这是随着国家情况日益向下而在小资产阶级当中产生一种消极情绪的反映。曾经参加过同盟会、组织过暗杀团的刘师复于1912年组织了中国第一个无政府主义的团体晦鸣学舍，次年出版了机关报《晦鸣录》。从1914年开始，上海、广州、常熟、南京、北京等地相继出现一批无政府主义团体，并创办了许多刊物。由俄国十月革命影响而在中国引起来的社会主义宣传热潮，又使无政府主义的传播得到了适宜的条件。于是，五四运动后，无政府主义的团体和宣传无政府主义的刊物日益增多。这个时候，许多无政府主义的刊物上，主要是宣传克鲁泡特金的《互助论》中所主张的"无政府主义"。克鲁泡特金主张通过"互助"的手段，来实现"正义"、"平等"、"永恒"的无政府"共产"社会，他们的宣法，虽然完全脱离实际，是空想的，但在当时的条件下，起到了一定的反对封建迷信和封建专制主义的作用，因而影响了不少人。许多进步的青年知识分子，都不同程度受无政府主义影响。像毛泽东就是如此。他在《民众的大联合》中明确写道："联合以后的行动，有一派很激烈的，就用'即以其人之道还治其人之身'的办法，同他们拼命的倒担。这一派的首领，是一个生在德国的，叫做马克斯。一派是较为温和的，不想急于见效，先从平民的了解入手。人人要有互助的道德和自愿工作。贵族资本家，只要他回心向善能够工作，能够助人而不害人，也不必杀他。这派人的意思，更广，更深远。""这派的首领，为一个生于俄国的，叫做克鲁泡特金。"虽然这种思潮始终没有成就什么大气候，真正的信仰者也越来越少，但无论在革命时期还是中国共产党取得政权之后的相当长的时期里，总是时常影响着革命者和人民群众。特别是在气候适宜的条件下，这种思潮的影响就可能加大。"文化大革命"中，各级组织受到冲击，群众"自己解放自己"，无政府主义泛滥成灾。其后果，直至今天仍隐约可见。又如，封建主义思潮经过五四时期的冲击而溃不成军，在这之后公开打出封建主义思想招牌的不能说没有，但也屈指可数。问题是这种思潮在中国普通民众中有长期影响，所以要根除非常不易。封建主义思想渗透于其他各种社会思潮之中，渗透在相当广大群众的头脑之中，在社会上起着极其不良的作用。一有机会,这种思潮就要泛滥。特别当社会上反对"全盘西化"的时候,封建主义思潮,乃至迷信的东西,就要打着继承发扬中国传统文化的招牌,力图复古。当前的"儒家"热、"易经"热,就是这种反映。中国的老百姓文化低,加上在经济变革大潮中掌握不住自己的命运,更容易受封建主义思潮的欺骗。有良心的学者不应该添乱,而应该帮助老百姓分辨是非。

在党史的研究中,对社会上影响较大的重要思潮,都应该进行深入的探讨,将其来龙去脉、基本主张和体系,代表人物的主要观点、社会影响等诸方面弄清楚,并做出恰如其分的评价。在整个中国共产党历史发展过程中,影响较大的思潮,可以列出若干种,但带有全局性影响的,只有两种:一是民主主义及其主要变形,一是马克思主义及其与中国实际的结合。

资产阶级民主主义是在中国的封闭大门被打开之后逐渐传入的。这种主义的信仰者,以其为武器,反对封建主义,目的是建立资产阶级共和国。经过长期传播,民主主义在中国社会各阶级、阶层中有着不同程度的影响。这种思潮对于启发人民觉悟,反对封建主义,起了重要作用。在五四运动前的新文化运动中,民主主义的启蒙作用是相当突出的。对此,在党史的研究中早已十分注意,然而五四运动后民主主义的传播及其作用就很少在党史研究中系统地反映出来了。这是因为五四运动以后民主主义思潮在社会上的表现形态出现了极其复杂的情况,研究者容易忽视做系统反映。其实,从民主主义的信仰者方面来看,要达到实现资产阶级民主共和国的幻想始终在整个民主革命时期都没有破灭。不管其社会作用在不同的阶段表现如何不同,都应该系统研究,并做出全面评价。如在1924年到1927年大革命时期,民主主义思潮的主要表现形态三民主义处于从旧向新的转化中。对此,应该充分估计其积极意义。自辛亥革命建立起来的中华民国落入北洋军阀统治集团之手以后,孙中山就力争召回"真共和"。但他要达到这一目的所采取的斗争手段,始终是争取、团结"合法"产生的国会议员和利用"进步"军阀"打倒"不合法的军阀,这显然不可能成功。只是在中国共产党和社会主义苏俄政府的帮助下,才走出以少数军阀、政客反对另一部分军阀、政客来巩固共和政体的思维模式。五四运动的声势和苏维埃社会主义共和国的成就,使孙中山看到工农群众的巨大威力,从而把争"真民国"的立足点转向民众。正是在这种基础上,孙中山把自己的三民主义作了新的解释。新的民权主义的一个根本进步,就是主张建立"为一般平民所共有,非少数人所得而私"的共和国。按照孙中山的想法,这个共和国应该实行"直接民权"。孙中山认为,民权思想是由欧美传来的,但欧美所实行的代议政治有很多弊病,并没有真正解决民权问题。因为他们没有从根本上想通,不懂得要把"权"与"能"分开。"所以中国今日要实行民权,改革政治,便不能完全仿效欧美"①。孙中山强调,把"权"与"能"分开,就找到了彻底实施民权的办法。什么叫"权"与"能"分开呢? 就是"把政治的大权分开成两个:一个是政府权,一个是人民权"②。人民有"选举权、罢免权、创制权、复决权";政府有"行政权、立法权、司法权、考试权、监察权"③。"人民能够实行四个民权,才叫做全民政治。""才算是彻底的直接民权。"④新的民族主义和民生主义,也应该说都有进步。对此,毛泽东在《新民主主义论》中夸赞说:"一九二四年国民党改组以前的三民主义,乃是旧范畴的三民主义,乃是过时了的三民主义。如不把它发展到新三民主义,国民党就不能前进。聪明的孙中山看到了这一点,得了苏联和中国共产党的助力,把三民主义重新作了解释,遂获得了新的历史特点,建立了三民主义同共产主义的统一战线,建立了第一次国共合作,取得了全国人民的同情,举行了一九二四年至一九二七年的革命。"对孙中山重新解释三民主义的意义做充分估计,这是一方面;另一方面也应该强调新三民主义仍然是以建立资产阶级共和国为目的。聪明的孙中山所想出的各种避免欧美资本主义国家弊病的办法并不高明,实际上达不到他设想的使人人成为国家主人,人人生活都好的目的。从根本上说,孙中山对阶级社会不做阶级分析,不指明共和国应由被剥削、被压迫阶级掌握,而只抽象强调民权,结果仍然避

---

① 《孙中山全集》第 9 卷,第 320 页。
② 《孙中山全集》第 9 卷,第 348 页。
③ 《孙中山全集》第 9 卷,第 352 页。
④ 《孙中山全集》第 9 卷,第 350 页。

免不了谁有钱谁掌权。资产阶级掌了权,也就只能走孙中山不愿意走的路,民族问题和民生问题当然无法解决。这样分析就比较全面。由此看出,民主主义思潮在现代中国确有新的发展,但又没有超出建立资产阶级共和国的目的。

又如,到了中华人民共和国成立后,资产阶级民主主义在民主革命时期的积极作用的方面,已完全被其消极的方面融化,并成为中国共产党和人民民主专政的反对者经常使用的思想武器和行动目标。特别是"文化大革命"后,在社会主义现代化建设过程中,反对四项基本原则的资产阶级自由化思潮,就是资产阶级民主主义在当代中国的表现形态。对于什么是资产阶级自由化,邓小平曾多次做过解释。他说:"自由化是一种什么东西? 实际上就是要把我们中国现行的政策引导到走资本主义道路。"①"所谓资产阶级自由化,就是要中国全盘西化,走资本主义道路。"②对这种资产阶级自由化的表现、实质、影响及其源流的揭示和评价,也是党史研究不可忽视的内容。至于民主主义思潮在一般群众中的影响,党史研究中历来很少注意,更是应该加强的。中国共产党在民主革命时期能够团结广大群众一道反对北洋军阀和国民党反动统治的重要原因之一,是由于辛亥革命和五四运动以来民主主义宣传深入人心,相当广大的群众民主主义意识得到加强。民国初年,一部分老百姓还留恋皇帝,以后随着民主主义宣传的普及,人们逐渐对封建专制反感,要求改变现状。如果没有群众特别是稍有知识的青年中民主主义意识的日益增强,要动员他们参加革命,是不可能的。群众中的这种民主主义意识在整个民主革命时期,呈现出不断加强的趋势。研究它,有助于了解和说明人民群众参加反帝反封建斗争的积极性和主动性。

马克思主义及其与中国实际结合而产生的毛泽东思想,在近现代中国社会里影响极大,始终是党史研究的重要内容。关于毛泽东思想对近现代中国社会所起的作用,在本书的其他部分中已有说明,这里不再

---

① 《邓小平文选》第 3 卷,第 181 页。
② 《邓小平文选》第 3 卷,第 207 页。

赘述。

值得注意的是,党史中偏重于政治思潮的研究,这当然是对的,但对其他方面的思潮如哲学思潮、经济思潮、文艺思潮、宗教思潮等等,却很少注意。看起来,虽然有些领域距离经济基础较远,然而其社会作用并不小。如哲学是一种最概括、最抽象的、理论化的社会意识形式,对于人们的生活实践起着指导作用,支配着人们的思想和行动。所以,中国近现代社会在不同历史阶段出现的哲学思潮,应该引起党史研究的注意。特别是有的哲学上的争论直接是为政治服务的,党史研究就更不应忽视。又如,宗教确是距离经济基础很远的意识形态,但由于它是以对超自然实体的信仰和崇拜"解脱"人们的烦恼和痛苦,容易使人们接受,因而在社会上产生极大的影响,有时往往直接与现时政治斗争发生联系。另外,经济思潮的研究,在党史研究中的地位更应该引起研究者的注意。以往忽视对各种经济学说、思想在党的历史发展中的作用的研究,其实这种作用还是不小的。如从 20 年代到 40 年代,关于中国经济发展道路的争论一直在延续,争论的中心是以农立国还是以工立国。最早提出这方面问题的是章士钊发表的《农国辨》,主张以农立国。接着,杨明斋在《评中西文化观》①一书中列专卷《评〈农国辨〉》,强调要以工立国。此后,不断有人提出这方面问题来讨论。吴景超、梁漱溟、千家驹、许涤新、马寅初、费孝通等,都发表文章,提出自己的见解。他们对于中国经济自主发展、农业是基础、工业化与政治民主的关系、工业化面临的困难等问题,提出的看法,颇具研究价值;特别是其中有不少人在新中国成立后,仍从事理论研究或实践活动,自然会把他们过去的主张带进去。所以,对这一有关以农立国还是以工立国的讨论的研究,无论在建国前或建国后,都十分有意义。又如,建国后一些主持经济工作的领导人和经济学家的经济思想,对社会主

---

① 这本书以前未被使用,一是因为存书甚少,一是因为见到也没重视。我是 1962 年 2 月 11 日在旧书店买到的。买来的当天在书上记下:"五九年访李达时曾提及此书,遍觅未见,今日偶得之西单商场,价且不贵。"对内容,只翻了一下,就束之书柜了。李达曾告诉我看到过杨明斋写的这本书的稿子,实际书印出来已是 1924 年 6 月以后,因为作者的序是"民国十三年六月一日"写的。这本书是由"北京西什库印字馆北堂"印刷的。1980 年得知北图、北大存有此书,日本朋友告诉我东京图书馆也有这本书。近些年,这本书引起研究者注意,是件好事。

义现代化建设很有影响。党的十四大确定建立社会主义市场经济体系，这是建设有中国特色社会主义现代化的重大改革。党的十四大以前，经济学界对是否搞社会主义市场经济，进行了认真的讨论和研究，有人反对，有人赞成，最后党的代表大会做了肯定的结论。看来，经济思潮与经济基础关系非常近，影响很大，绝对不能忽视对它的研究。

就是研究政治思潮，也应该重视揭示各种政治思潮的哲学基础。任何一种主义、思想体系，都以一定的哲学观点作为理论基础。只有深入挖掘哲学基础，才能对某种政治思潮做出透彻的说明和分析。如研究戴季陶主义，就要研究它的"仁爱性"、"人性"；研究中国法西斯主义，就要研究它的"力行哲学"。

在党史研究中，探讨毛泽东思想的哲学基础有很大的意义，因为在毛泽东思想体系的形成和发展的全过程中，毛泽东哲学思想的地位和作用十分重要。

首先，从毛泽东思想发展过程考察，可以说，没有毛泽东哲学思想，也就没有毛泽东思想的形成并构成体系。随着马克思主义传入中国，作为其理论基础的哲学思想也引起中国先进分子的注目。由于救亡的需要，先被研究和接受的是马克思主义哲学的社会观、历史观部分。从五四运动到中国共产党成立后的一段时间里，人们不仅可以从《共产党宣言》、《社会主义从空想到科学的发展》等马克思主义经典著作的中译本里领会唯物史观的精神实质，也可以从李大钊、陈独秀、李达、瞿秋白、蔡和森等人的文章中学到唯物史观的基本原理。到1923年的科学与人生观的论战中，参与争论的中国共产党人才较多地运用马克思主义的唯物论、辩证法。同时，报刊上也较多地出现介绍马克思主义唯物论和辩证法方面的文章。此后，中国共产党人注意用马克思主义哲学原理分析中国革命的实际问题，并有了一定的建树。但总的说来，1927年以前，马克思主义哲学在中国的传播还不够广泛，诸如《反杜林论》、《唯物论和经验批判论》等基本的哲学著作，尚无中译本；而马克思主义哲学与中国革命实际的结合也仅仅是开始。1927年以后，随着革命实践的深入，中国共产党人对用哲学特别是辩证法分析中国社会和中国革命问题的需求日益迫

《人民文库》第二批书目

马克思主义

马克思传	［德］弗·梅林著　樊集译
恩格斯传	［德］海因里希·格姆科夫等著　易廷镇／侯焕良译
中国共产党思想理论发展史	张启华／张树军主编
社会主义通史（八卷本）	王伟光主编
马克思主义哲学的当代论域	陶德麟／汪信砚主编
资本论注释	［苏］卢森贝著　李延栋等译
唯物史观与中共党史学	张静如著
当代视域中的马克思主义哲学	汪信砚著
马克思主义哲学史教程	何萍著
辩证法与实践理性	贺来著
马克思主义生态经济学原理	刘思华著
物与无：物化逻辑与虚无主义	刘森林著
市民社会论	王新生著
现代性论域及其中国话语	张曙光著
东方的崛起：关于中国式现代化的哲学反思	杨耕著

哲　学

境界与文化	张世英著
中西文化与自我	张世英著
新仁学构想	牟钟鉴著
逻辑经验主义	洪谦著
存在论——实际性的解释学	［德］海德格尔著　何卫平译
思的经验	［德］海德格尔著　陈春文译
智慧说三篇（简本）	冯契著／陈卫平缩编
维也纳学派哲学	洪谦著
克尔凯郭尔：审美对象的建构	［德］T.W.阿多诺著　李理译
中庸洞见	杜维明著　段德智译
西方美学史教程	李醒尘著

历　史

中国古代社会	何兹全著
中国通史简本	蔡美彪主编
中国民俗史（六卷本）	钟敬文主编　萧放副主编
中国长城史（增订本）	景爱著
灾荒与饥馑：1840—1919	李文海／周源著
魏晋南北朝隋唐史三论	唐长孺著
中国史学思想史	吴怀祺著
中国近代海关史	陈诗启著
匈奴通史	林幹著
拉丁美洲史（修订本）	林被甸／董经胜著
东南亚史（修订本）	梁英明著

中东史（修订本） 彭树智主编
史料五讲（外一种） 齐世荣著
秦汉官制史稿（上、下） 安作璋／熊铁基著
北宋武将群体与相关问题研究（增订本） 陈峰著
中国古代历史理论（上、中、下） 瞿林东主编
五四运动史（修订本） 彭明著
秦汉区域文化研究（增订本） 王子今著
西域文明——考古、民族、语言和宗教新论 林梅村著
15 世纪以来世界九强兴衰史 齐世荣／钱乘旦／张宏毅主编
中国的社与会（修订本） 陈宝良著
宋代地域经济（增订本） 程民生著
两宋财政史（修订本）（上、下） 汪圣铎著
简明清史 戴逸著
长征记 丁玲等主编

政 治

中国共产党创建史 邵维正著
中国反贪史（先秦—民国） 王春瑜主编
当代政治哲学（修订版）（四卷） 高宣扬著
政治生活的系统分析——政治学学术经典译丛 ［美］戴维·伊斯顿著 王浦劬主译
唯物史观与中共党史学 张静如著

法 律

中国近代社会与法制文明 张晋藩著
历代例考 杨一凡／刘笃才著
法篇 ［古希腊］柏拉图著 王晓朝译
论法治（修订版） 李步云著
社会的法律 ［德］卢曼著 郑伊倩译
律学新考 何勤华著
共有权研究（第三版） 杨立新著
中国法的源与流 武树臣著

经 济

中国资本主义发展史（三卷本） 许涤新／吴承明主编
中国近代经济史（1937—1949） 刘克祥主编
中国古代经济史概论 傅筑夫著
中华人民共和国经济史（1949—2020） 武力主编
外国经济史（近代现代） 樊亢／宋则行主编
社会的经济 ［德］卢曼著 余瑞先／郑伊倩译
经济运行机制概论 卫兴华／洪银兴／魏杰著

文 化

中国新闻事业通史（三卷本） 方汉奇主编
文学活动的美学阐释 童庆炳著
文学人类学教程 叶舒宪著
小说形态学 徐岱著

切,从而使马克思主义哲学在中国传播进入一个新阶段。到 1932 年,马克思主义哲学的重要著作,如《反杜林论》、《自然辩证法》、《路德维希·费尔巴哈和德国古典哲学的终结》、《唯物论和经验批判论》等,都有了较完整的中译本。这就为中国人民特别是中国共产党人直接而深入地学习和掌握马克思主义哲学提供了必要的条件。在 30 年代,苏联等国家研究和介绍马克思主义哲学的著作,被大量翻译到中国来,如西洛可夫、爱森堡合著的《辩证法唯物论教程》,米丁著的《新哲学大纲》、《辩证唯物论与历史唯物论》等。同时,中国哲学社会科学工作者撰写的研究和介绍马克思主义哲学的著作,也陆续出版,如李达的《社会学大纲》、艾思奇的《大众哲学》等。这些,对人们学习马克思主义哲学都有很大帮助。在这期间,中国共产党的理论家和党外的马克思主义学者还围绕中国社会性质、唯物辩证法等问题,同敌对思潮进行了论战,对捍卫和传播马克思主义哲学起了重要的作用。中国革命的发展、马克思主义哲学在中国的广泛传播,为毛泽东哲学思想的形成奠定了基础。从 1930 年的《反对本本主义》到 1937 年的《实践论》、《矛盾论》,是毛泽东哲学思想形成并构成体系的阶段。在抗日战争到建国后的一段时间里,在毛泽东、刘少奇、周恩来、朱德等人的著作中,毛泽东哲学思想继续得到发展。党的十一届三中全会以后,在建设有中国特色的社会主义的历史时期,以邓小平同志为主要代表的中国共产党人对毛泽东哲学思想又做出了新的贡献。从上述简要的过程叙述中,可以很明显地看出,当马克思主义传播初期,中国共产党人没有掌握马克思主义哲学的全部内容,就不可能深入研究中国国情和中国革命的基本问题,总结出切合中国实际的系统的革命理论。从《反对本本主义》到《实践论》、《矛盾论》的写作,彻底改变了这种状况,于是才有新民主主义理论的确立,才有毛泽东思想体系的形成。同样,如果没有党的十一届三中全会重新确立马克思主义的思想路线,也就不可能提出建设有中国特色的社会主义的理论。

其次,从毛泽东哲学思想同毛泽东哲学思想的各个组成部分的关系上考察,应该说,毛泽东政治思想、经济思想、文化思想、军事思想、法律思想、外交思想、教育思想、伦理思想,等等,无一例外,都以毛泽东哲学思想作为理论基础。以毛泽东文艺思想为例：毛泽东文艺思想的代表作《在延安文艺座谈会上的形式讲话》，对文艺理论问题的分析，就是以唯物辩证法为基础的。如文艺与社会生活之间的关系，毛泽东认为是一种辩证的联系，称之为源于生活而又高于生活。人类的社会生活虽是文学艺术的唯一源泉，虽然较之后者有不可比拟的生动丰富的内容，但是人们还是不满足于前者而要求后者。因为尽管两者都是美，而文艺作品中反映出来的生活却可以比普通的实际生活更高、更强烈、更有集中性、更典型、更理想、更带有普遍性。所以，毛泽东强调革命的文艺，应当根据实际生活创造出各种各样的人物来，帮助群众推动历史的前进。又如，在文艺批评中，毛泽东阐述了政治标准和艺术标准的辩证关系。他指出："我们的要求则是政治和艺术的统一，内容和形式的统一，革命的政治内容和尽可能完美的艺术形式的统一。缺乏艺术性的艺术品，无论政治上怎样进步，也是没有力量的。因此，我们既反对政治观点错误的艺术品，也反对只有正确的政治观点而没有艺术力量的所谓'标语口号式'的倾向。"正是因为讲话中分析问题以唯物辩证法为依据，所以其结论在今天仍然具有指导意义。另外，毛泽东哲学思想中最基本的观点，同毛泽东思想的各个组成部分的关系也极其密切，像"实事求是"就如此。实事求是出自《汉书·河间献王传》，传中称赞西汉景帝之子刘德，"修学好古实事求是"。唐代颜师古对此做注释说："务得事实，每求真是也"。这里指的是做学问时，要注重掌握真实的资料，然后再从中得出结论，达到论有所据。显然，古代的"实事求是"一语说的是一种"求实"的学风。它反映了中国古代学者注意从实际出发，重视具体事实的治学态度。这种"求实"学风到近世则发展为"经世致用"，从而使"实事求是"超出学风范围而进入政治领域。毛泽东借用这一古语，把它提高到哲学高度，做出了新的解释。他在《改造我们的学习》中，明确指出："'实事'就是客观存在着的一切事物，'是'就是客观事物的内部联系，即规律性，'求'就是我们去研究。我们要从国内外、省内外、县内外、区内外的实际情况出发，从其中引出其固有的而不是臆造的规律性，即找出周围事变的内部联系，作为我们行动的向导。"以客观存在的事物为根据，经过研究，找出规律，指导行动，这本来是马克思主义的世界观和方法论的最基本的原理,是在认识世界和改造世界上辩证的唯物论的宇宙观,是认识论和辩证法的统一。毛泽东简明地用四个字就把共产党的辩证唯物主义的思想路线做了概括,使人一目了然。"实事求是"这个用语很容易被中国人民接受。不识字的或识字不多的老百姓常说的一句话,叫做"以实求实",就是"实事求是"的意思。实事求是的思想路线的确立和坚持,对中国共产党的政治实践有极其重大的作用,这在中国革命和建设的胜利发展过程中得到充分的证明。可惜的是,"文化大革命"中丢掉了它,造成的损失难以估量。幸好,十一届三中全会以后,实事求是的思想路线得到恢复和发展,才使中国的社会主义现代化建设沿着正确的道路前进。邓小平强调"实事求是"是毛泽东思想的"出发点"、"根本点"、"精髓",确是点睛之笔,一语道出它在毛泽东思想体系中的重要地位。总之,毛泽东哲学思想是贯穿于毛泽东思想各个组成部分的立场、观点和方法,这充分说明其地位和作用。

第二,要重视研究马克思主义同社会各种敌对思潮之间的斗争,研究社会各种思潮对中国共产党指导思想的影响。

在社会意识形态之间,在一种社会意识形态的不同思潮之间存在着相互作用和相互影响的关系。一般说来,敌对思潮之间主要是一种排斥、斗争的关系,但也有渗透;非敌对思潮之间主要是一种吸收、补充的关系,但也有争论。这是因为在同一个社会里,人们的思想是不能孤立存在的,总要相互发生影响,而且相互渗透往往并不是自觉的,而是潜移默化的。党史研究中,在意识形态领域内碰到的最多的情况,是马克思主义与敌对思潮的斗争。这种情况自马克思主义在中国一开始传播就存在了,直到今天也没有停止过。可以说,马克思主义在中国的发展过程,始终贯穿着同敌对思潮的斗争。研究这种斗争时,一定要真实反映斗争的情况。在交锋中,马克思主义批判了敌对思潮哪些观点,又有哪些观点没有批判或批判不力,都要弄清楚。特别不要把研究者自己的观点掺进去,帮历史人物的忙。马克思主义同敌对思潮之间斗争的意义,诸如对马克思主义发展的意义,对社会政治、经济的影响,都要弄清楚。不要抽象的评价,更不要夸大或缩小,而应做出符合实际的结论。除了排斥的、斗争的方面之外,渗透的方面研究起来更困难一些。对马克思主义说,渗透主要表现在两个方面,一是敌对思潮中的某些合理的因素被马克思主义者吸收,一是敌对思潮中某些错误的东西影响了马克思主义者,起了不良的作用。如马克思主义在中国传播初期,马克思主义同改良主义发生冲突。争论中,胡适反对马克思主义,主张改良主义、实验主义,当然不对,但他提出反对空谈主义,原则上并不错。所以,李大钊一方面主张要谈主义,一方面也不赞成空谈。他说:"我们最近发表的言论,偏于纸上空谈的多,涉及实际问题的少,以后誓向实际的方面去作。这是读先生那篇论文后发生的觉悟"①。又如,民主革命时期中国共产党领导层时常发生主观主义,就是受社会上的敌对思潮中普遍存在着的唯心论的影响。

社会上的思潮对中国共产党指导思想的影响是多方面的。在研究中,要弄清楚哪些思潮对中国共产党指导思想的发展有好作用,哪些思潮有坏作用;什么时候、什么情况下有好作用,什么时候、什么情况下有坏作用。如民主主义思潮在中国共产党产生之前,从整体上说来,对马克思主义在中国的传播起了开辟道路的作用,而其某些观点又妨碍着一部分共产主义知识分子彻底转变为马克思主义者。在 1924 年到 1927 年的大革命时期,中国共产党从孙中山的新三民主义中吸取了有益的内容,而某些民主主义观念又妨碍中国共产党对中国革命理论探索。可见,社会上的思潮对中国共产党的影响,研究起来也不那么容易。刘少奇在党的七大报告中说,资产阶级民主主义中一些"好的东西已由我们当成一种遗产接受下来"。这说的就是一种吸收、补充关系。结论是正确的,可内容并没有说出来,这就需要经过研究得到说明。而这种说明对于了解马克思主义在中国的发展,对于了解中国共产党指导思想的发展,是十分重要的。

第三,要重视研究社会重要思潮的历史继承性,特别要研究中国共产党思想的历史继承性。

任何一种社会意识,都有历史继承性。这是因为虽然社会意识的根

---

① 《李大钊文集》(下),第 34 页。

源深藏于现实的经济之中,但任何一种新的社会意识不可能从天上掉下来,其构成因素总要与传统的思想材料有关。马克思在《路易·波拿巴的雾月十八日》中说:"一切已死的先辈们的传统,像梦魇一样纠缠着活人的头脑。"这话讲得很深刻。社会意识存在于人脑之中,而人总是一代一代往下传。过去人们形成的观念、思想、意志以及他们的情感、习俗,通过子孙们继承下来。当然,随着社会进步确有新的发展,但旧有的传统社会意识的烙印却深深刻在活人头脑之中,给新的社会意识以或多或少的影响。所以,马克思主义在论述社会意识的时候,特别强调它的历史继承性。列宁还提醒人们注意,即使与一切剥削阶级思想彻底决裂的无产阶级思想,也同样具有历史继承性。他在《青年团的任务》中说:"无产阶级文化并不是从天上掉下来的,也不是那些自命为无产阶级文化专家的人杜撰出来的,如果认为是这样,那完全是胡说。无产阶级文化应当是人类在资本主义社会、地主社会和官僚社会压迫下创造出来的全部知识合乎规律的发展。"他在《论无产阶级文化》中指出:"马克思主义这一革命无产阶级的思想体系赢得了世界历史性的意义,是因为它并没有抛弃资产阶级时代最宝贵的成就,相反地却吸收和改造了两千多年来人类思想和文化发展中一切有价值的东西。"

可见,在党史研究中,探讨各种重要思潮的历史继承性,对了解其体系的构成和本质十分必要。当然,探讨中国共产党思想的历史继承性尤为重要。

中国共产党思想是中共中央关于中国革命和建设的指导思想。它包括:其一,已经形成理论体系的正确指导思想,即毛泽东思想。这是中国共产党思想的主体部分,或称之为核心部分。其二,尚未形成理论体系的正确指导思想。从动态角度观察,这个部分始终是中国共产党思想的重要部分。随着时间的推移,这个部分的不断升华,为毛泽东思想的发展提供了基础。其三,"左"的和右的错误指导思想,这是导致党在实践上犯全局性或非全局性错误的思想基础。中国共产党思想作为社会意识,同样具有历史继承性。毫无疑问,中国共产党思想源于马克思主义,而且是主源,但不等于说它与中国的传统社会意识无关。中国共产党思想既然产生于中国的土地上,既然是由中国无产阶级的先进分子组成的政党所提出的思想,就不能不受到他们以前各代人形成的社会意识的影响。而且一个民族的社会意识的形成,受诸种社会条件的制约,在道德标准、哲学观念、艺术风格、精神心态、思维方式、风俗习惯等方面都有自身的特点,马克思主义尽管是一种普遍原理,如果不通过民族形式,根本不可能生根、发芽、结果,发生实际作用。所以,中国共产党的指导思想的正确部分,被称之为中国化的马克思主义。刘少奇在评价中国共产党思想的核心部分毛泽东思想的时候,说它"完全是马克思主义的,又完全是中国的",并强调"这是中国民族智慧的最高表现和理论上的最高概括"①。

中国共产党思想与传统社会意识的关系,也应该从非系统化的社会意识和系统化的社会意识两个方面去分析。前者在上面的分析中已经涉及到,这里只说中国共产党思想与传统社会意识形态的关系。中国古代社会给后人留下的文化遗产极其丰富,特别是春秋战国时代,诸子蜂起,学派林立,百家争鸣,创立了各种不同学说。汉武帝罢黜百家,独尊儒术,使儒学占据了统治地位。到宋明时代,儒学达到高峰。宋明理学吸收了佛老宇宙观的思辨色彩,构筑了庞大的理论体系,偏重理气心性,其流弊在空疏。明末清初,宋明理学受到抨击,通经致用之风兴起,引人注目。但乾隆年间,因文字狱致使人们渐离实际,形成朴学。鸦片战争后,古文经学被指责,今文经学与宋学复兴。戊戌政变失败后,又倡古文经学,恢复"通经致用"精神,诸子之学也重展风采。与此同时,西学东渐,自由、平等、博爱之说和进化论观念,乃至社会主义思潮的影响,不能不使中国传统文化带上近代的色彩。可见,中国共产党人在形成自己的指导思想时,所接触到的传统社会意识形态,是经历了自身多种变化而发展了的内容,是经过西方学术思想改造了的内容。这些内容,为中国共产党思想的产生和发展提供了些什么呢? 应该说,传统的辩证思维强调人的主体意志作用,带有近代气息的进化的唯物主义、以实事求是为宗旨而重实践的学风、强烈平等意识和对空想社会主义的向往、对封建伦理的批判以及对

---

① 《刘少奇选集》上卷,第335页。

下层民众作用的重视,等等,给部分民主主义者接受马克思主义创造了思想前提。如李大钊在接受马克思主义之前,就已经具备了如下几个方面的观点:(1)辩证的和唯物的观点:他认为,宇宙是"自然的存在",是"真实的本体",这种"大实在"无始也无终;人们的认识以客观的"事实"为基础,真理必须"据乎事实";客观事物充满了矛盾,既有"对待",又有"调和",使自然和社会现象"时时变易"。(2)既依据进化论又怀疑进化论的观点。他取进化论的进取精神,鼓励青年"进前而勿顾后",创造"青春之中华";同时,他又指出进化论之弊病,说明其为侵略者利用造成的危害。(3)同情和相信民众的观点。他认为,"民众"可以创造历史,其意向和要求无法阻挡。英雄之起作用因为代表"民意","离于众庶"则无英雄。显然,这些观点的存在对李大钊接受马克思主义十分有利。而这些观点的形成,又同中国传统文化在近代的发展密切相关。中国共产党成立后,传统社会意识形态仍然与中国共产党思想有着紧密的联系。这是因为一方面中国共产党的领导层中的大多数人,都受过传统社会意识形态的熏陶,特别是直接接触到中国近代传统文化,所以他们在运用马克思主义确定指导思想以及路线、方针、政策时,不能不受自身固有的意识的制约。另一方面,中国共产党的领导层中有相当不少的人,对吸取传统文化中有用的内容一事十分感兴趣,认定这对党领导的事业有益。在这方面,毛泽东显得更为突出。他既从原则上指出应如何对待传统文化遗产,又多次具体分析从儒学、墨学等各类学说中应吸取些什么。如1939年2月20日,毛泽东在给张闻天的信中就说过:"观念论哲学有一个长处,就是强调主观能动性,孔子正是这样,所以能引起人的注意与拥护。机械唯物论不能克服观念论,重要原因之一就在于它忽视主观能动性。我们对孔子的这方面的长处应该说到。"

中国共产党思想与传统意识形态的关系,应该从正确指导思想和错误指导思想两方面分析。一般说来,正确的指导思想,是用马克思主义剔除了传统文化中封建性糟粕和吸取了传统文化中民主性精华加以升华的结果。如毛泽东对中国古代"民本"思想的继承,就很能说明问题。在中国封建时代,一方面统治阶级中普遍存在着对劳动人民极为鄙视的思想,另一方面许多进步思想家乃至有远见的政治家提出了"民本"的见解,后者到近代又被赋予了资产阶级民主思想的特色。毛泽东站在无产阶级立场上,以马克思主义关于人民群众在历史上作用的原理为依据,剔除了卑视民众的封建性糟粕,提取"民本"思想的精华,全面论证了人民群众创造历史的伟大作用,并用之于指导政治、经济、文化、军事等诸方面的实践中。此外,毛泽东对"实事求是"学风的改造,对古代辩证法思想的提炼,等等,都可以说明中国共产党的正确指导思想与传统社会意识形态的关系。至于中国共产党的错误指导思想,其形成则往往是在不同程度上背离了马克思主义之后,把传统社会意识形态中的糟粕继承下来。如陈独秀的右倾机会主义,曾经在 1924 年到 1927 年的大革命的后期成为中国共产党的指导思想。其重要错误之一就是压制工农群众运动,这既背离了马克思主义,又与传统的"民本"思想相反,而同封建统治者卑视民众的观念完全一致。陈独秀学过马克思主义,也说过一些有关人民重要作用的话,但在灵魂深处封建意识仍很浓,在关键时刻就认识不清了,得出错误的结论,给革命带来极大的危害。

第四,要重视研究社会的精神文明,特别要研究社会主义精神文明的历史发展。

由于社会意识和社会存在的相互作用,产生了不同历史时代的社会物质文明和精神文明。后者包括两个方面:一方面,是指社会的文化、知识、智慧状况,也包括与此有关的物质设施、机构的发展规模和水平;另一方面,是指社会的政治思想、道德面貌、社会风尚、人们的世界观、信念、理想、情操以及组织性和纪律性等等方面的状况。研究社会的精神文明,不仅可以了解某一社会的精神生产发展水平,而且由于它对物质文明有极大的反作用,所以还可了解该社会物质文明得以巩固和发展的精神条件。

在本书中谈到社会的演化和变革时,已指出研究党史一定要研究社会生活诸方面的变迁状况,这实际上已包括了精神文明的内容,只不过角度不完全一样。党史研究中探讨社会精神文明问题,对于过去主要是考察中国共产党领导的社会革命的部分根源以及中国共产党制定路线、方针、政策的部分依据;对于现在则主要是为建设社会主义文明进行历史论证和提供历史的借鉴,并使优良传统在社会主义现代化建设中发扬光大。

　　社会主义精神文明是社会主义制度的重要特征,是社会主义优越性的重要体现。所以,党史在研究社会主义时期历史中,特别应该重视社会精神文明发展过程的考察。由于自十一届三中全会以来,社会主义现代化建设步入正轨,改革开放的新局面逐步形成,就为资本主义精神文明向社会主义精神文明渗透创造了条件。社会主义精神文明不是凭空创立的,而是在以往历史上精神文明优秀成果基础上形成的。所以,对资本主义精神文明并不是一种完全排斥的态度。凡是美好的、优秀的东西都尽力吸收,凡是坏的、腐朽的东西都尽力抵制。研究改革开放以来社会主义精神文明对资本主义精神文明又吸收又抵制的历史过程,不但有利于社会主义精神文明建设,而且也有利于社会主义物质文明建设。

　　以上所叙述的内容,大致上说明了探讨社会意识问题在党史学主体部分研究中的地位。那么,党史文献学、史料学的研究,无疑也应该重视有关社会意识的材料。在收集、编辑方面,从文件到个人文章属于社会意识形态的还比较多,但反映社会心理方面的材料就很少。当然,反映社会心理方面的材料确实比较难收集,但主要还是下功夫不够。翻开《抗战》三日刊这份刊物,在《战争时期的文化界》、《文化在抗战中》、《怎样动员全中国的妇女》等文章中,就可以看到抗战初期知识界、妇女界的心态。在 1937 年 10 月 23 日出版的第 20 号中,有一篇题为《乡民的疑问》的小文,只有 218 个字,却反映出抗战初期部分农民的想法。可见,如果能够把报刊、杂志上的有关资料集中起来,是可以在一定程度上解决这方面的难题。在校勘、考据、版本方面,也很少注意到有关社会意识的文章、著作。其实,这方面要下的功夫还是不少。关于社会意识形态方面的党史著作虽不多,但也还有,这就应该在史著和史家评论中涉及到。可惜,这方面注意不够,今后应该加强。

五

个人和群众与党史学

用唯物史观考察个人和群众的作用,在中共党史的研究中,历来是比较重视的。不仅某个历史人物、群体、政党以至某个事件、某个时期人民群众作用的文章,屡见不鲜,而且也有许多文章是从理论上探讨评价个人群众的标准和方法的。在这两个方面,我也曾发过一些文章,讲了自己的看法。如我在给《汪精卫评传》写的序里,对写历史人物说了几点意见,下面抄录两段:

"写人物评传要坚持科学性,从实际出发,实事求是地进行叙述、分析、评论。譬如,对一个历史人物的一生作评论,既要有总的评价,又要有分阶段的估价,不能笼而统之,简单处理。一个人一生几十年,由于环境和个人社会地位的变化,思想和行为都要发生变化,其社会作用在不同阶段也不同。汪精卫这个人,毫无疑问是个反面历史人物。他在民族危亡的情况下,叛变投敌,出卖民族利益,遗臭万年。那种把汪精卫的汉奸活动说成和平运动,似乎没有他的投敌中国人民会更遭殃的观点,是极其荒谬的,反科学的。我曾对一位不赞成这种观点的日本学者说过:人怕调个,如果日本遭到别的国家侵略,处于危亡之际,是不是主张上述观点的人就会不反侵略而当汉奸呢?如果有人在事后说他们有功,日本人民又会怎样想呢?其实,对于汉奸的评价,用不着求助于马克思主义,任何国家的任何正直的人都会得出科学的结论。这是一方面。另一方面,也不能因为汪精卫是汉奸、民族败类，就完全否定他从辛亥革命到第一次国共合作期间的思想和行为及其社会作用，说成坏水似乎是从娘胎里带出来的。对于汪精卫的这段历史，应该从实际出发，实事求是地进行具体分析。他的言论和行为，对的就是对的，错的就是错的，一切依其在社会生产、人民生活和社会道德等方面所起的作用如何为标准。只有这样才是科学的。特别应该注意，分析问题的标准要统一，不要因人而异。同一件事，孙中山主张就是对的，受孙中山指挥的汪精卫去做就不对，或推论其主观上有何私念，这就不好了。

"写人物评传要努力探索人物的个性特点及其对社会的作用，避免千人一面。在阶级社会里，每个人都归属于不同阶级。毫无疑问，对人要进行阶级分析。但必须注意到，马克思主义的阶级分析方法历来把不同阶级的人的不同个性包括在分析范围之内。世界上的每个人既有人类共性，又有阶级性，还有个性。同为一个阶级的人，他们的个性完全可能迥异。而且每个人的作用，总要通过他的个性特点来发挥。所以，重视个人特点的研究，是极为重要的。普列汉诺夫在《论个人在历史上的作用》一文中，就强调个人特点对各个历史事变的局部外貌的决定作用。他指出，除了生产力发展情形这种终极的原因和某个民族生产力发展过程所处的历史环境这种特殊的原因之外，影响历史事变的还有社会活动家个人特点和其他'偶然性'的原因。'因为这些个别原因的作用，于是事变就具有个别的外貌'，'如果影响了历史的哪些个别原因已被别种个别原因所替代，那末这个历史无疑是具有别一种外貌的'。这是很有价值的观点。如果不顾个人特点的研究，就难以对历史人物作出正确的全面的评价，就可能把同类人物写得差不多，流于公式化，使读者对人物没有立体感。所以，对思想、观点、品格、眼光、学历、学识、才能、爱好、人际交往等个人特点，在写人物评传时，都应该认真考察。"

又如彭明在给《宋子文评传》写的序里说："人们的思想和活动，都是受一定的社会历史条件制约的，并随历史条件的变化而发展。"研究历史人物"应该将其放在所处特定的时代和各种社会环境中，进行具体的、实事求是的分析"。

再如王仲青主编的《中共党史学概论》中说："对具体的历史事件与人物，要进行实事求是的分析，不能把某一时期、某一地区、某一部门的党的活动，简单地说得一无是处，而对另一时期、另一地区、另一部门的党的活动又说得完全正确，没有任何缺点、错误。这个问题，往往同各个时期、各个地区、各个部门的领导人物有密切关系。要正确地对待党的历史上的事件和人物，不可把一些人说得时时、事事、处处都绝对正确；也不可把一些人说得时时、事事、处处都是错误的，甚至从头到尾就是一个坏人、叛徒、混入党内者。"

再如1993年第4期《中共党史研究》上《关于中国革命史人物评价问题》一文，提出应以"是否有利于社会生产力的发展"，"是否有利于国家民族的独立统一"，"是否有利于广大人民群众"作为评价中国革命史人物的标准。

诸如此类，不胜枚举。总的说来，有关叙述个人和群众历史的文章、探讨评价个人和群众标准、方法，都是以唯物史观的基本观点为依据的。

群众是社会历史观的一个重要范畴。唯物史观把人民群众看作是社会物质财富的创造者，而且在创造社会的精神财富方面起着重要作用。不仅如此，人民群众还是社会变革的决定力量。恩格斯在《路德维希·费尔巴哈和德国古典哲学的终结》中说："如果要去探究那些隐蔽在——自觉地或不自觉地，而且往往是不自觉地——历史人物的动机背后并且构成历史的真正的最后动力的动力，那末应当注意的，与其说是个别人物、即使是非常杰出的人物的动机，不如说是使广大群众，使整个整个的民族、以及在每一民族中间又使整个整个阶级行动起来的动机；而且也不是短暂的爆发和转瞬即逝的火光，而是持久的、引起重大历史变迁的行动。"毛泽东在《论联合政府》中，做了更为明确的概括："人民，只有人民，才是创造世界历史的动力。"其实，不仅在社会变革中如此，就是在社会的演化中群众也是决定力量。在社会演化中，每一带有一定范围的促使社会进步的活动，都必须有群众的参与和支持，否则就无法开展起来，不能获得成功。即使是对社会有推动作用的纯个人的活动，如果没有群众的多方支持，也是不可能实现的。所以，马克思和恩格斯把这种现象概括成"历史活动是群众事业",十分中肯。但是,群众对历史创造活动并不是随意的,而要受到社会历史发展的实际状况的制约。马克思说:"人们自己创造自己的历史,但是他们并不是随心所欲地创造,并不是在他们自己选定的条件下创造,而是在直接碰到的、既定的、从过去承继下来的条件下创造。"①

在中共党史研究中,一般说来,研究者都强调要反映人民群众在历史上的作用,但在落实到讲义、专著上,则十分薄弱。突出表现在两个方面,一个是所占数量很少,一个是不够具体。当然,这个问题也不是那么很好解决的,因为事物本身极其复杂。我以为,写一个属于群众性的历史现象,应该把群众活动写充分,然后做点分析,指出它的具体作用,从而说明确实是群众力量决定了历史的发展。如有一本写第一次国共合作期间历史的专著中涉及"首都革命",其评价是:"这次首都革命,虽然没有达到夺取政权的预期目的,但它有力地显示了人民革命的力量,沉重地打击了反动军阀势力,是一次具有重要意义的革命群众运动。""这次首都革命,是中国共产党领导人民夺取政权,推翻帝国主义与军阀统治的一次尝试。""它为中国共产党领导中国革命积累了经验,推动了北伐战争的到来。"这些分析都是对的,而且比起有的书中的分析要好,但总还是给人以抽象的感觉。说"显示人民革命的力量",到底怎样"显示"的? 如果能把它同以往的北京的群众运动对比起来写,就会使人一目了然。当时《政治生活》发表一篇《记北京民众革命运动》曾说:"这种人民的直接行动,革命行为,在北京可说从来没有发生过的。一九一九年的五四运动和累年的民众运动,目标没有这次巨大,手段没有这次急进,注意点没有这次实际,敌忾心没有这次深刻"。把这段话的意思具体化,"显示"就不再是抽象的。说"沉重地打击了反动军阀势力",到底打击了多少? 如果能有一些军阀势力方面的反映,就会清楚了。说"推动了北伐战争的到来",到底具体如何表现? 如果把"首都革命"与之后掀起的各地倒段的运动连起来写,就会明白了。可惜,这本专著只写了一句话。

---

① 《马克思恩格斯选集》第1卷,第603页。

　　党史研究中反映群众作用,还应该注意描述群众中不同阶层的作用。如作为人民群众重要组成部分的广大劳动知识分子群体,他们虽然在历史上未留下姓名,但都直接参与了人类精神财富乃至物质财富的创造。对这部分人的作用,必须给予充分的肯定并载入史册。拿众多的教师来说,他们默默无闻的精神劳动,对培养下一代有知识的劳动者起了重要作用。对一门学科的发展说来也是如此。劳厄的《物理学史》中说:"如同民族和国家的历史只记载在某个方面具有一定意义的较大事件和人物一样,一门科学的历史也只能够记载科学研究的某些高峰以及参加这些研究的那些人。自从十七世纪以来,有成千上万不知名的人曾把物理学向前推进,他们献身于这门科学,许多人是由于纯粹的理想主义,而有时还作出了自我牺牲。但是,他们的工作绝不是多余的,也不是徒劳无益的。只有这许多人的默默地协作才能完成大量必要的观察和计算,保证了科学的持续前进。只有多种多样的兴趣和才能防止了把科学和研究限制在少数几个预先规定的方向里。这许多人的作用过去是、现在还是作出卓越的或者甚至是天才的贡献的必不可少的准备。至少自从十七世纪末以来,物理学是集体的贡献,这也是一个历史的事实。"写党史,很少注意科学技术的发展,这是同忽视生产力方面的研究直接有关的。有时涉及一些这方面的内容,也只注意有突出贡献的人,而对众多的不出名的科学技术人员的集体贡献则不予反映,这是应该改变的。

　　既然群众对历史的创造活动要受到历史发展的实际状况的制约,所以在党史研究中描述群众作用时一定要注意这种制约性,避免随意地反映群众的作用。这就是说,对群众的作用的分析,要看到经济的、政治的、文化思想的对人们的制约。如工人阶级在中国现代社会中的作用,毫无疑问是非常重要的,其革命的、先进的、优良的品格是主流。但由于它受中国社会历史发展的特殊条件,特别是社会生产力极其低下的影响,使之在推动社会前进的作用上不能不受到限制。所以,在分析工人阶级的作用时,一定要把社会制约性的因素考虑进去。又如,在研究中国共产党内的"左"倾路线、方针、政策时,就要注意这种错误的决策者,就是不顾群众作用的社会制约性,企图依靠群众的发动去实现不可能实现的愿望。

对不同历史时期"左"倾路线的研究,注意群众作用社会制约性和"左"倾路线决策者的矛盾,就会使之更加深入。另外,随意地反映群众的作用,往往是同抽象地描述群众作用联系在一起的。如说到中国共产党的某一时期的决策和行动时,一些著作中很喜好在没有具体材料,没有具体分析的情况下加上一两句抽象的结论,以说明这种决策和行动得到广大群众的拥护和支持,从而推动了历史的发展。其实,这种抽象的结论,不仅在民主革命时期未必符合实际,就是在新中国成立以后也不见得完全如此。因为受经济的、政治的、文化思想的制约,对于某一时期党的决策和行动,群众可能根本不知道,即使知道了也不理解,或许按照不同人的主观意愿把它曲解了,甚至还会发生抵制的情况。党史研究工作者在现实生活中经常会碰到上述情况,可在反映历史上的群众作用时就很少考虑从实际情况出发进行描述。说这些话,我不是光指责别人,不做自我批评。其实,我的书里也常有这样的事。我体会,出现这种情况,更多的不是认识上的问题,而是书中叙述的需要,又懒得去研究,顺手写上,好在别人的书里也这样写。但愿有这样想法的人,只有我自己。正确的态度应该是根据具体材料做结论,有什么样的材料做什么样的结论。

唯物史观在肯定群众创造历史的前提下,十分重视个人对历史发展的影响作用。历史本来就是由众多的个人活动构成的,应该说任何一个人都对历史的发展起过一定的或好或坏的作用。由于人们所起的作用的大小不同,就有普通人和历史人物之分。这里所说的个人在历史上的作用,主要指的是那些作用较大的历史人物。这样的人物是历史发展中不可缺少的。马克思曾说过:"如爱尔维修所说的,每一个社会时代都需要有自己的伟大人物,如果没有这样的人物,它就要创造出这样的人物来。"[①]群众在创造历史过程中,总要有这样或那样的领头人物。他们集中群众的意志,反映或平衡群众的要求,代表群众的水平,在不同的范围内推动历史的发展。但是,历史人物的作用与群众的作用一样,也要受到社会历史条件的制约。杰出人物的出现及其作用,是具体的社会历史条

---

① 《马克思恩格斯选集》第 1 卷,第 450 页。

件造成的,即所谓"时势造英雄"。因此,无论怎样杰出的历史人物,都必须在符合历史必然性的前提下展开活动,发挥作用。违背了历史必然性,特别是经济的必然性,任何英雄都会一事无成。1894 年 1 月 25 日,恩格斯在给瓦·博尔吉乌斯的信中,精辟地论述了这种必然性的作用。他说:"人们自己创造着自己的历史,但是到现在为止,他们并不是按照共同的意志,根据一个共同的计划,甚至不是在某个特定的局限的社会内来创造这个历史。他们的意向是相互交错着的,因此在所有这样的社会里,都是那种以偶然性为其补充和表现形式的必然性占统治地位。在这里透过各种偶然性来为自己开辟道路的必然性,归根到底仍然是经济的必然性。"但是,列宁指出:"历史必然性的思想也丝毫不损害个人在历史上的作用,因为全部历史正是由那些无疑是活动家的个人的行动构成的。"①历史人物受社会历史条件的制约,在阶级社会里有相当部分反映为受阶级的局限。这是因为历史人物要在一定的阶级地位中生活,处于特定的阶级关系之中。

在中共党史研究中,研究者对历史人物的评价,一般都能坚持以其对历史发展所起的推动或阻碍作用为标准。具体说来,就是要看历史人物在社会生产、人民生活、国家民族利益以及社会道德等方面,所起作用如何。应该说,只要为社会、为人民、为民族做了好事,就应该肯定;做了不好的事,就应该否定。同时,从历史人物受社会历史条件局限,阶级社会中又受阶级局限而引出评价历史人物的历史主义和阶级分析原则,在中共党史研究中也普遍地应用着。研究者认识到一定要从历史人物活动的时代来衡量其是非功过,即把历史人物放到他生活的具体历史环境中去考察,不能以现代标准、政治需要、个人好恶、主观臆测随意拔高或贬低。在判断历史人物的功绩时,特别要注意他们比他们前辈提供了什么新的东西。研究者也认识到一定要将历史人物同他所属的阶级联系起来评论,看他们代表哪个阶级的利益,他们的思想、观点对哪个阶级有利,但必须注意阶级关系的复杂性,避免简单贴阶级标签。根据以上的标准和原

---

① 《列宁选集》第 1 卷,第 26 页。

则,在许多有关党史的著作和文章中,对一些历史人物,包括党内的、也包括党外的,都能做出较为恰当的评价。特别是对一些国民党的政治家、将领在不同时期、不同条件下的作用,也能实事求是地进行分析。像陈独秀这样一个历史人物,一生中思想和实践都呈现出特殊的复杂性,引起不少研究者的兴趣,研究成果也较多。对陈独秀评价不是那么容易,但多数成果还是好的。如唐宝林写的《陈独秀传》最后对陈独秀做了总的评价。我看了之后,觉得很得体,是公正的。书中说:"从宏观上全面客观地来评价陈独秀一生功过,不能不承认他曾是中国近代史上的杰出人物,他在推动中国历史前进上作出了重大贡献。然而,他的错误及其给中国革命所造成的损失,也是极为严重的。"宋子文是国民党中的一位重要人物,对他的评价也很不容易。《宋子文评传》的作者吴景平在认真研究的基础上所得出的结论,还是贴切的、客观的。作者认为:"宋子文对近代中国社会的发展既起过消极的乃至反动的作用,但也在一定时期里有过积极的、进步的作用。"这主要指的是宋子文能坚持民族主义立场;反对外敌侵略;有较强烈的改革愿望;不完全赞同蒋介石的黩武主义与内战方针等。书中写道:"同南京国民党中央政权内的衮衮诸公相比,宋子文确实在历史上留下了一些'新的东西'。"这种分析就很好,符合唯物史观的基本观点。

当然,在评价历史人物方面,中共党史的研究中也还存在不少问题。夸大或缩小、拔高或贬低之类的事时有出现,无根据的推论、编造也不少见。1980年4月18日李维汉在湖南党史工作者座谈上讲到写历史人物的问题,举了很多这方面的例子。如他说:写夏明翰,说到李维汉与夏明翰在一个晚上喝白兰地、聊天的事,这是有的,是李维汉向一个访问者讲的。"可是,现在变成这样,把我们的谈话打了引号,好像这是引来的文字,我就搞不清楚了。这段引文是这样的,夏明翰说:'血淋淋的事实教育了我们,在中国革命的许多问题上,毛泽东的主张是正确的,是经过实践检验的真理,我们应当尊重毛泽东同志的意见,照着毛泽东的路子走下去,就一定会迎来一个光明的新中国!'然后李维汉同志说:'党的八七会议以后,我越来越觉得毛泽东同志的主张正确,这也是要经过实践啊!'

这个话错了没有呢？单看话也没有错，可是那个时候实践是检验真理的标准啦，我们没有这个语言，我没有，夏明翰也没有。"李维汉举的另一个例子，是关于向警予的。他说："还有一篇纪念向警予的文章，说她紧跟毛主席，时间是指的二十年代，怎么二十年代就存在紧跟毛主席的问题呢!?"显然，这些例子都是无根据的拔高，极不可取。李维汉举的这些例子虽已是十几年前的事，可到现在同样的情况仍然存在，就应该特别引起研究者的注意。

唯物史观在考察群众和个人在历史上的作用中，很注意研究群体的问题。群众这个大概念在现实生活中，是以不同形式的群体存在着。它作为人们进行共同活动的组织，既是人的生活单位，又是社会基本结构，诸如家庭、家族、学校、商店、医院、企业、公司、政府部门、政党，等等。这里，存在着个人（包括群众领导人）和群体的关系、群体和群体的关系、群体和社会群众的关系。唯物史观特别强调的无产阶级政党与群众的关系问题，就是群体与社会群众关系的一种。无产阶级政党从本质上说，除了工人阶级和广大群众的利益之外，没有自己特殊的利益。党的纲领和政策，正是工人阶级和广大人民群众根本利益的体现。无产阶级政党只有得到最广大群众的拥护和支持，才能完成自己担负的伟大历史使命。因此，无产阶级政党必须树立群众观点，贯彻群众路线，使自己纲领和行动争取到广大群众的首肯、赞同。

中共党史本来就是研究中国无产阶级政党历史的学科，自然也就在多方面涉及中国共产党同人民群众的关系。应该说，这方面的研究，成果确实不少，多数也都符合唯物史观关于政党与群众关系的原理。如关于中国共产党的领导是历史的选择这个命题，就充分体现了党和群众的良好关系。历史的选择，其实就是群众在创造历史过程中，按照客观发展规律，寻找推进社会前进的途径。所以说，历史的选择是历史必然性和人们有目的的行动的统一。革命政党是群众的领路人，对它的认识和选择要有一个过程。只有当广大群众认定某一政党确实能代表自身利益，代表民族利益，又确实有领导能力时，才会公认其为政治领袖。中国共产党虽然是中国新兴的无产阶级的政党，是代表中华民族和中国人民利益的革命政党,是最有资格成为中国革命领导者的政党,但在它刚刚成立时,人民群众对它并没有什么认识,甚至相当多的人并不知道有这样一个政党,根本谈不上选择的问题。当时,人们把国家的希望主要寄托在孙中山领导的国民党身上。对这正走下坡路的政党,人们盼望它能振作起来,继续领导革命,改变中国面貌。1924年,孙中山决心改组国民党,重新解释三民主义,与中国共产党合作,进行旨在推翻北洋军阀统治的武装斗争。此举深得人心,赢得人们的信任,掀起了轰轰烈烈的大革命。可惜,在孙中山逝世后,蒋介石另有企图,叛变革命,使国民党在人民群众中的威信大大削弱。在这次大革命过程中,中国广大民众特别是南方的工人和农民,从不知道中国共产党到对中国共产党有较多的了解,增加了信任感。人们通过那些优秀的共产党员和共青团员的模范行为、英雄事迹,明白这个党是不谋私利的党,是为民族利益而奋斗的党。当然,相当多的人也还不明白国共两党之间的分歧的本质,加上国民党右派的反动宣传,对中国共产党的误解不是一下子能消除的。1931年以后,中国共产党在为动员全国人民一致抵抗日本帝国主义侵略的过程中,表现出来的一切从全民族利益出发的言论,给不甚了解共产党的群众留下了深刻印象,改变了因国民党反动宣传所造成的错误看法,加上长征所起的宣传作用,中国共产党在群众中的影响与以前大不一样了。抗日战争时期,由于国民党与共产党合作,抵抗日本帝国主义的侵略,多数人又重新增强对国民党的信任,把胜利的希望寄托于国民党。可是,国民党自身不争气,在军事上屡遭失败的情况下,改变了初期抗战的态度,一方面搞反共摩擦,一方面暗中与日本帝国主义搞妥协,破坏国共合作,破坏抗战。更为严重的是这个党日益腐化,到抗战后期达到顶点。相反,中国共产党在敌后开展游击战争,创建抗日根据地,影响面越来越大,拥护共产党的力量不断增加,包括过去不赞成共产党的人也不得不另眼看待了。人心所向,大势所趋,到全国解放战争时期,人民群众终于抛弃了国民党,倒向了共产党。这一历史过程说明,谁掌握真理,谁代表历史的方面,谁代表人民群众和整个民族的利益,谁就会赢得群众,得到人民的信任。由此就可以得出结论,中国共产党的领导,是历史的选择。

总之,中共党史的研究中,对个人和群众的评价,应该以唯物史观的基本原理做理论依据。这方面,研究者做了很多有益的工作,但还要不断加强,才能把研究水平更上一竿。

我以为,提高对个人和群众的研究水平,有一个非常重要的问题,即衡量标准要更加科学。什么标准呢? 我在1989年发表的《李大钊与现代化意识》中提出:"衡量现代中国历史人物的作用,应该考察其现代化意识之强弱,考察其对变被动社会现代化为主动社会现代化过程的贡献之大小。"后来,我在《中国共产党与社会现代化》中又说:"从社会现代化角度衡量历史人物、政党及各种群体的作用,是历史唯物主义关于人民群众和杰出人物作用原理的具体化。"既然近现代历史的主题,就是解放和发展生产力,实现社会现代化,那么衡量这个时代的历史人物和以群体为存在形式的群众的作用,当然应该从人们的意识以及思想上和实践上的贡献方面去考察。所以,在本书第二问题的末尾再次提出:"应该明确在中共党史的研究中,对个人和群众的考察,要从中国社会现代化的角度分析。就是说,要以其现代化意识之强弱和在社会现代化中的作用,为衡量标准。"

我在《李大钊与现代化意识》一文中,只写了李大钊的现代化观点,而没有对现代化意识做出应有概括,并分析李大钊的现代化意识之强弱。同时,用观点上的贡献代替了实践上的贡献。所以,这篇文章虽然提出一个新的重要的角度,但实际上没有写好。什么是现代化意识呢? 意识是人脑的机能,是客观存在的主观映象,即人脑对客观世界的反映,但这种反映是能动的,因而对物质的发展进程能够起巨大的促进或阻碍作用。社会现代化过程必然要在人们的头脑中反映,这就是现代化意识。反过来说,现代化意识是符合社会现代化的发展方向和需求的意识。人们的现代化意识从客观现实中导引出现代化概念、思想、观点以指导自己的行动,从而推动社会现代化的进程。现代化意识的特性概括起来,有如下几个方面:

——开放性。这就是面向世界面向未来。社会现代化是人类历史发展的趋势,所以就不能只看自己和眼前,而要放得开,看得远。由于社会现代化的实现要以民族、国家为基点,因而又必须是自立的、自信的、自强的。

——进取性。这就是要努力向前,不断进步,有所作为。社会现代化是一项艰巨的任务,而且要经过非常曲折的过程,所以人们必须毫不懈怠,一往向前,夺取胜利。进取以参与和务实为前提,即每个人都要有积极参与社会生活,勤勤恳恳的工作尽自己的责任和义务的观念。

——创新性。这就是要解放思想,勇于开拓,立于时代前沿。社会现代化是一项除旧布新的事业,所以人们不能安于现状,抱残守缺,抱律守令,毫无创见,而应勇于接受新鲜观念和事物,大胆否定不符合时代潮流的陈旧观念和事物,以推进社会现代化的发展。

人们的现代化意识之强弱,直接关系着社会现代化事业。所以,考察历史人物在社会现代化中的作用,首先要分析其现代化意识以及由此导出的现代化思想、观点。当然,正如列宁所说,判断一个人,"不是根据他们的言语,而是根据他们的行动"[1]。这就是说,在考察历史人物的现代化意识以及思想、观点的基础上,还要考察这个历史人物在实践上是怎样为社会现代化事业而工作的。社会现代化既然是一项艰巨而复杂的事业,那么在实践上推进它就非常不容易。积极参与者特别是领头人和骨干分子要付出很大的精力,要牺牲个人不少利益,甚至于牺牲生命。只有既考察人的意识、思想、观点,又考察实践,才能全面判断其历史作用。

这里,对李大钊做些分析,研究一下他的现代化意识以及从此引出的思想、观点,研究一下在实践上他对中国社会现代化的贡献。由这个人物的考察,大致上能够说明如何运用唯物史观关于从社会现代化角度衡量历史人物的原理去判断近现代历史人物的作用。

李大钊从事政治活动的年代,是辛亥革命到1927年他牺牲之前。如前所述这段时间正是变被动社会现代化为主动社会现代化历史进程中的重要转折期。在这个重要转折期,李大钊对变被动社会现代化为主动社会现代化所做出的贡献是非常突出的。

---

[1] 《列宁全集》第18卷,第495页。

　　李大钊的现代化意识较强,这主要表现在以下几个方面:

　　第一,综观李大钊的文章,反映出一种较强的开放意识。在当时的中国,封闭和开放的区别,主要表现在能不能从世界的角度看中国的现状和未来,能不能在改造中国的过程中借鉴国外的先进制度和思想。李大钊无论是作为急进的革命民主主义者,还是接受马克思主义之后,都不是封闭地思考问题,而能从世界的角度,从未来的角度看当时的中国和未来的中国。在著名的《青春》一文中,他从世界的角度,看到当时的中国极端贫困落后,处于"衰敝"状态,故"吾族青年所当信誓旦旦,以昭示于世者,不在龈龈辩证白首中国之不死,乃在汲汲孕育青春中国之再生。吾族今后能否立足于世界,不在白首中国之苟延残喘,而在青春中国之投胎复活"①。他确信:"不数年间,将见春青中华之参天蓊郁,错节盘根,树于世界,而神州之域,还其丰穰,复其膏腴矣"②。李大钊总是把希望寄托于未来,认为无论现在如何艰苦,未来总是美好的。为了改造中国必须寻求一种最有效的救治方案,在这方面李大钊的眼光也是开放的。他放眼世界,先研究资产阶级民主主义,后又研究马克思主义,力求把它们作为指导中国改造的精神武器。由于李大钊既能把眼界放开,从世界看中国,又能立足于中国,从中国看世界,所以有很突出的自立、自信、自强意识。

　　第二,综观李大钊的文章,可以看出,他有着强烈的进取意识。李大钊说得好:"吾人是开辟道路的,是乘在这时的列车的机关车上,作他的主动力,向前迈进他的行程,增辟他的径路的,不是笼着手,背着身,立在旁观的地位,自处于时的运转以外的。我们要改变这误谬的时的观念,改变这随着他产生的误谬的历史观、人生观,要回过头来顺着向未来发展的大自然大实在的方面昂头迈进,变逆退的为顺进的,变静止的为行动的。这样子,我们才能得到一个奋兴鼓舞的历史观,乐天努力的人生观。"③他多次批评那种对人生、对现实的悲观态度,指出这对自己、对国家都是不利的。如果人人都如此,中国就没希望了。当然,道路是不平坦的,但

---

　　① 《李大钊文集》(上),第200页。
　　② 《李大钊文集》(下),第202页。
　　③ 《李大钊文集》(下),第668页。

"无论如何,应当上前进去,用了我们底全力,去创造一种快乐的世界,不要悲观,应当乐观"①。

第三,综观李大钊的文章,反保守,重开拓是非常鲜明的。他说过:"古今来之天经地义,未必永为天经地义"②。他认为:"时代是最惨酷的东西,时代的落伍者是最可怜的人。"③怀古的思想必须打破,满足现状的思想也不可要。"历史是人创造的","我们要利用现在的生活,而加创造"④。这种创新意识,使李大钊在前进的道路上不保守,不固执,勇于接受新鲜事物,站在时代的最前列。他在反帝反封建斗争中,先是积极宣传资产阶级民主主义,发现它的弊病时,就毅然放弃;当十月革命的炮声传来之后,又认真进行研究,并最早接受了指导十月革命取得胜利的马克思主义。

以上几点,反映出李大钊确有较强的现代化意识。正是这种较强的现代化意识,才使李大钊一生都为实现中国社会现代化而奋斗。也正是这种较强的现代化意识,才导引出李大钊的一系列现代化思想、观点。对李大钊的现代化思想、观点的考察,可以从以下几个方面分析:

第一,政治思想。中国的先进分子在向西方学习的时候,首先把精力放在追求民主制度上。所以,资产阶级民主观念的传播,成为近代中国启蒙运动的中心。李大钊在接受马克思主义以前,是资本主义民主制度的执着追求者,是资产阶级民主观念的积极宣传者。他说,中国人对于民主政治的要求,"虽云校先进国民为微弱,此种政治意识觉醒之范围,亦校为狭小;而观于革命之风云,蓬勃飞腾之象,轩然方兴而未有艾,则此民权自由之华,实已苞蕾于神州之陆。吾民宜固其秉彝之心田,冒万难以排去其摧凌,而后以渐渍之工夫,熏陶昌大其光采,乃吾民唯一之天职,吾侪唯一之主张矣"⑤。即使在第一次世界大战期间,他也认定:"民主主义之潮

① 《李大钊文集》(下),第634页。
② 《李大钊文集》(上),第447页。
③ 《李大钊文集》(下),第104页。
④ 《李大钊文集》(下),第512页。
⑤ 《李大钊文集》(上),第158页。

流,仍有滔天之气势,挟此横流之战血以俱至也"①。为此,李大钊不仅努为为实现民主制度奋斗,而且对西方民主制度的许多问题,如选举制、两院制等,进行了深入的研究。虽然中国并未实现资产阶级民主共和国,但李大钊关于民主观念的宣传在提高人们民主认识方面是有不小作用的。1918 年下半年,当李大钊开始接受马克思主义的时候,认识到"这 Democracy 不是仅在人类生活史中一个点,乃是一步一步的向世界大同进行的一个全路程"②。这种把资本主义民主与社会主义民主连接起来看的观点,确是真知灼见。因为作为最高类型的社会主义民主,本来就不是凭空产生的。民主观念是在无产阶级和资产阶级反对封建主义的斗争中逐渐形成的,所以,社会主义民主与资本主义民主确有继承关系,当然两者之间存在着根本的区别。李大钊指出,资产阶级的议会制度,是假的平民政治,是欺人的方法,只有社会主义民主才是"纯化的平民政治,真实的平民政治,纯正的平民政治"③。李大钊十分赞同 Democracy 译为平民主义,以说明其广泛性。他说:"'平民主义'是一种气质,是一种精神的风习,是一种生活的大观;不仅是一个具体的政治制度,实在是一个抽象的人生哲学;不仅是一个纯粹的理解的产物,实在是濡染了很深的感情、冲动、欲求的光泽。""自政治、社会、产业、教育、文学、美术,乃至风俗、服饰等等,没有不著他的颜色的"④。

民主作为一种政治制度,是同法制紧密联系着的,两者相互依存、相互制约、相辅相成。一般说来,前者是后者的基础,后者是前者的保障。民主和法制的类型愈高,这种关系愈密切。李大钊接受马克思主义以前,对法制问题有较深的研究和较多的论述。他主张法治,反对人治,并指出要追本溯源,消除迷信人治的根性。他还论证民主与法制的关系,强调法制要以民主为基础。李大钊说:"民彝者,民宪之基础也。"⑤"唯民主义乃

---

① 《李大钊文集》(上),第 441 页。
② 《李大钊文集》(上),第 604 页。
③ 《李大钊文集》(下),第 571 页。
④ 《李大钊文集》(下),第 569 页。
⑤ 《李大钊文集》(上),第 157 页。

立宪之本"①。同时,李大钊还认为,必须培养国民的法制观念,树立法律权威。他指出,中国人有两个毛病:"凡事皆以感情为主,不以理性为主";"凡事好依腕力而争,不依法律而争"②。"是皆专制政治之余毒,吾人久承其习染而今犹未能涤除者"③。在接受马克思主义之后,李大钊懂得了法制与经济基础的关系、法制的阶级性,提高了认识。同样,李大钊对法制观念宣传,对人们提高这方面的认识是有益的。

李大钊的现代化思想、观点更集中地表现在实现中国社会现代化应该走什么道路问题上。当人们在学西方学习陷入困境的时候,李大钊做出了新的选择,决定走俄国人的社会主义道路。他指出,社会主义是人类历史发展的必然趋势。他说:"今社会主义既立在人类历史的必然行程上,有具有绝大势力的历史为其支撑者;那么社会主义之来临,乃如夜之继日,地球环绕太阳的事实一样确实了。"④李大钊认为,在中国,要实现社会现代化,不能靠资本主义,必须走社会主义道路。他说:"在中国想发展实业,非由纯粹生产者组织政府,以铲除国内的掠夺阶级,抵抗此世界的资本主义,依社会主义的组织经营实业不可。"⑤但是,在中国走社会主义道路,必先除掉政治上的障碍,这就是要打倒帝国主义和封建势力,取得民主革命的胜利。为此,李大钊对民主革命的一些理论问题进行了探索。他的关于中国革命是世界革命的一部分的观点、关于无产阶级在民主革命中的领导权的观点、关于农民在民主革命中重要作用的观点、关于通过民主革命力争社会主义前途的观点,对于指导中国实现社会现代化的新民主主义理论的逐步形成,起了重要的作用。

第二,经济思想。作为民主主义者的李大钊,对经济问题的注意是不够的。他虽曾写过《物价与购买力》之类的文章,但观其大量文章却未涉及一些根本的经济问题。生产力的高度发展,是社会现代化的首要标志。

① 《李大钊文集》(上),第168页。
② 《李大钊文集》(上),第333页。
③ 《李大钊文集》(上),第334页。
④ 《李大钊文集》(下),第334页。
⑤ 《李大钊文集》(下),第455页。

无论资本主义社会还是社会主义社会,都要以高度发达的生产力为基础。一切上层建筑包括社会意识的现代化,都要建立在这个基础上。所以,考察生产力观念极为重要。李大钊想要在中国建立资本主义制度,却忽略资本主义制度的经济基础,特别是生产力方面的研究和宣传,而只着眼于上层建筑和意识形态,似乎只要民众有了觉悟,建立起资产阶级民主共和国,国家就可以独立、富强。在接受马克思主义之后,李大钊的认识有了很大提高。他逐步懂得生产力与生产关系、经济基础与上层建筑的原理。他说:"人类社会生产关系的总和,构成社会经济的构造。这是社会的基础构造。一切社会上政治的、法制的、伦理的、哲学的,简单说,凡是精神上的构造,都是随着经济的构造变化而变化。我们可以称这些精神的构造为表面构造。表面构造常视基础构造为转移,而基础构造的变动,乃以其内部促他自己进化的最高动因,就是生产力,为主动"。"生产力一有变动,社会组织必须随着他变动。""生产力在那里发展的社会组织,当初虽然助长生产力的发展,后来发展的力量到那社会组织不能适应的程度,那社会组织不但不能助他,反而束缚他、妨碍他了。而这生产力虽在那束缚他、妨碍他的社会组织中,仍是向前发展不已。发展的力量愈大,与那不能适应他的社会组织间的冲突愈迫,结局这旧社会组织非至崩坏不可。这就是社会革命。"①

在这种认识基础上,李大钊研究了资本主义社会和社会主义社会的经济制度。他在《社会主义下的经济组织》中,对社会主义的公有制、生产、劳动、分配等问题做了说明。同时,他又在《社会主义释疑》中,就人们对社会主义经济制度的某些疑问,做了明确的回答。有人以为社会主义制度下只有贫困而没有幸福,李大钊说这种认识大错特错,因为"社会主义使生产品为有计划的增值,为极公平的分配,要整理生产的方法。这样一来,能够使我们人人都能安逸享福,过那一种很好的精神和物质的生活。照这样看来,社会主义是要富的,不是要穷的"②。有人以为社会主

---

① 《李大钊文集》(下),第59页。
② 《李大钊文集》(下),第670页。

义制度下劳动很痛苦,李大钊说这种认识也不对,因为"在社会主义制度下做工,是很愉快的,很舒服的,并不象现在资本主义制度下的工作,非常劳苦,同那牛马一样,得不到一点人生的乐趣"①。有人以为社会主义制度没有自由,李大钊说这是误解,因为他们"不晓得经济上的自由,才是真的自由"②。

但是,李大钊对生产力的作用还缺乏深刻的认识。当单纯介绍马克思的学说时一般都提到生产力的作用,而在分析实际问题时往往就把它遗忘。可见,李大钊的生产力观念还不十分强。忽略生产力,是马克思主义在中国开始传播时出现的一定程度走形的重要表现。这对后来中国共产党为实现中国社会现代化而奋斗的历史进程,不能不产生消极的影响。

第三,文化思想。在对封建的传统的旧文化、旧思想、旧道德的态度上,明显地反映出李大钊的现代化思想。在 1915 年开始的新文化运动中,他猛烈地抨击孔子,指出其"为历代帝王制之护符",其学说"已不适于今日之时代精神"。他认为,人应该为追求真理而生存,凡不符合真理的都可以抛弃,孔子学说既然已非真理就要淘汰。"虽冒毁圣非法之名,亦所不恤矣。"③在接受马克思主义之后,李大钊用唯物史观进行分析,指出社会经济的变动,必然引起思想的变动。"孔子或其他古人,只是一代哲人,决不是'万世师表'。他的学说,所以能在中国行了二千余年,全是因为中国的农业经济,没有很大的变化,他的学说适宜于那样经济状况的原故。现在经济上生了变动,他的学说就根本动摇。因为他不能适应中国现代的生活,现代的社会。就有几个尊孔的信徒,天天到曲阜去巡礼,天天戴上洪宪衣冠去祭礼,到处建筑些教堂,到处散布'子曰'的福音,也断断不能抵住经济变动的势力来维持他那'万世师表'、'至圣先师'的威灵了。"④李大钊坚信,社会朝着现代化方向发展,一切封建的落后的意识,迟早要逐步消失。这是历史发展的趋势,任何人也阻挡不住。

---

① 《李大钊文集》(下),第 671 页。
② 《李大钊文集》(下),第 672 页。
③ 《李大钊文集》(上),第 264 页。
④ 《李大钊文集》(下),第 183 页。

　　在恋爱、婚姻、家庭方面,李大钊倡导男女平等、自由恋爱、自由结婚,以及建立现代化的小家庭,反对一切封建的束缚。他说:"两性相爱,是人生最重要的部分。应该保持他的自由、神圣、纯洁、崇高,不可强制他、侮辱他、污蔑他、屈抑他,使他在人间社会丧失了优美的价值。"①"理想家庭最要之条件,就是 Democracy 平民之精神。德模克拉西之组织,精神在于平等,无父系母系之分别,亦无男女性之界限,乃共力合作。而组织良好家庭,无有特别之权利,对于孩提,亦不宜加以压制,循循善诱,更当尊重实行民治之条件。"②在教育方面,李大钊强调现代化教育应该注意人格教育,不能只偏重知识教育。他还强调学校图书馆在教育中的作用,主张在大学里办图书馆专业,培养更多有专业知识的人,使图书馆工作更能适应现代化的要求。

　　以上几个方面所表现出来的现代化思想、观点,虽然还有某些不足,但总的来说是先进的。李大钊的这些现代化思想、观点,不但对中国变被动社会现代化为主动社会现代化的历史过程的重要转折期有指导和推动作用,而且对中国社会现代化的整个过程都有意义。那么,在实践上,李大钊对变被动社会现代化为主动社会现代化的重要转折期所做的贡献是什么呢? 这主要表现在以下几个方面:

　　第一,引进和传播现代化意识形态最高层次马克思主义,并培育出一代马克思主义者,成为推动社会现代化历史进程的时代精英。

　　马克思主义是世界现代化历史进程中,产生的科学的世界观和方法论体系,是迄今为止现代化意识形态的最高表现。20 世纪初,当世界进入新的历史时代和中国社会制度变革未果而出现消沉的形势下,李大钊研究了指导俄国变革成功的马克思主义,对比了西方众多的学说,认定中国社会的改造应以马克思主义为指导,从而毅然抛弃民主主义而接受马克思主义。他指出,Bolshevism 的精神,"是二十世纪全世界人类人人心中共同觉悟的精神"。他确信:"试看将来的环球,必是赤旗的世界!"李

---

①　《李大钊文集》(上),第 679 页。
②　《李大钊文集》(续),第 27 页。

大钊把马克思主义引入到中国社会改造的实践中,这是对中国社会现代化事业的头等贡献。因为在中国,变被动社会现代化为主动社会现代化以至当前的社会主义现代化建设,都以马克思主义为指导。前边引用过的毛泽东在《唯心历史观的破产》中"自从中国人学会了马克思列宁主义以后,中国人在精神上就由被动转入主动"一段话非常对,没有马克思主义指导就没有中国社会进步。

李大钊在接受马克思主义之后,就积极在社会上宣传马克思主义。在宣传中,他强调一定要把理论与实际结合起来。李大钊强调的这种原则,是极其重要的。因为用马克思主义指导中国社会现代化事业,如果不与实际结合,就不能成功。虽然把马克思主义与中国实际相结合的任务主要是毛泽东、邓小平完成的,但李大钊作为中国第一位马克思主义者首倡此原则,开了个好头,实在是对中国社会现代化事业的突出贡献。

在李大钊的影响下,许多先进分子经过比较、鉴别接受了马克思主义,形成一个共产主义知识分子群体。这个群体具有较强的现代化意识,有改造中国实现社会现代化的决心,有为实现社会现代化的奉献精神。这个群体是时代的精英,是中国社会现代化事业的骨干,对推动社会现代化历史进程起了重要的作用。他们中的许多人,如蔡和森、瞿秋白、邓中夏、恽代英、毛泽东、周恩来、张闻天、何孟雄、张太雷等,都曾经从李大钊文章、讲演中,或与李大钊共事中受到教益。1919 年,李大钊写的《我的马克思主义观》是比较准确而系统介绍马克思主义基本原理的最早的教材。随后,他发表的《由经济上解释中国近代思想变动的原因》《唯物史观在现代史学上的价值》等文章以及《社会主义与社会运动》等讲演,都在社会上发生很大影响。同时,他与许多社团、青年接触频繁,帮助他们提高认识。如 1919 年 9 月 21 日,即天津觉悟社成立的第 5 天,李大钊应该社邀请,到天津给予指导。上午,李大钊做了关于国际形势的报告,下午与觉悟社成员座谈。对于觉悟社打破封建隔阂,男女同学合作,组织起来的做法,李大钊表示赞许,并嘱咐他们要好好阅读《新青年》《少年中国》上的文章,提醒他们注意进行学术分类研究。李大钊的讲话,给觉悟社社员以极大的鼓舞,对觉悟社后来的发展起了重要的作用。当时的社员谌小岑在后来写的《五四运动中产生的天津觉悟社》一文中回忆说："他走后,我们都传诵了他在《新青年》上发表的几篇文章,特别是《庶民的胜利》、《布尔什维主义的胜利》和《战后之妇人问题》这三篇,后来又读了《我的马克思主义观》,这是大家第一次从李大钊先生的文章中接触到布尔什维主义和马克思主义的。""李大钊先生那次来'觉悟社',使多数社员都同他发生了关系,也就是通过他接受了马克思主义和俄国十月革命的影响。"又如,1920 年 8 月 18 日下午,觉悟社、曙光社、青年互助团、人道社和少年中国学会在北京大学通信图书馆开各团联络筹备会议。次日,少年中国学会的北京会员在中央公园来今雨轩召开茶话会。陈愚生介绍了头天会议的情况后,李大钊说:"本会同人已经两载之切实研究,对内对外,似均应有标明本会主义之必要。盖主义不明,对内既不足以齐一全体之心志,对外尤不足与人为联合之行动也。"①李大钊强调明确主义的必要性,对当时部分青年确定信仰马克思主义起了很大作用。中国社会现代化的实现,需要全国人民的共同努力,更需要一批具有现代化意识的领头人。李大钊在中国培育出来第一代马克思主义者,这也是对中国社会现代化事业的一个大贡献。

第二,创建新的现代化政党中国共产党,为其在政治领域中占有一定地位创造条件而努力。

近代中国随着政治局势的发展,出现了许多政党,但在中国共产党产生之前,能够称得上现代化政党的只有中国国民党。孙中山领导的中国国民党在辛亥革命前,曾努力为变被动社会现代化为主动社会现代化而奋斗,并为此立下了大功。然而,辛亥革命后,这个党开始涣散了,有些成员蜕变了,许多成员消沉了。这不是一时的问题,而是反映了国民党所代表的中国资产阶级具有软弱性、妥协性。中国资产阶级的这种天生的弱点,使之不能完成变被动社会现代化为主动社会现代化的历史任务。所以,这个任务只能由别的阶级来完成。在当时,只有刚刚成长起来的无产阶级比资产阶级更先进的阶级。这个代表新的现代化生产力,不占有任

_____

① 《李大钊文集》(续),第 1 页。

何生产资料的阶级,身受帝国主义、封建势力和资产阶级的三重压迫,是革命性最彻底的阶级,是与广大群众联系最紧密的阶级。当然,无产阶级要完成这个历史任务,必须通过自己的政党,于是中国共产党就应运而生了。

创建一个现代化的政党,并不是一件容易的事,除了客观条件之外,还必须有人的主观努力。作为中国第一位马克思主义者的李大钊承担起这个艰巨任务,他与陈独秀一起成为中国共产党的创始人。五四运动后,李大钊努力扩大马克思主义宣传,建立马克思主义研究组织,同反马克思主义思潮论战,为筹建中国共产党做思想上、理论上的准备;积极组织革命知识分子到工人中进行宣传,和工人建立联系,并进而开展工人运动。不仅如此,李大钊还做了许多组织方面的准备工作①。1920 年 4 月,经共产国际批准,俄共远东局符拉迪沃斯托克分局派出由维经斯基、杨明斋等组成的俄共党员小组到达北京。李大钊与他们多次接触,表示赞同他们关于建立共产党的意见,并向他们说明陈独秀在上海联络的人多,比北京力量强,建议他们到上海与陈独秀商谈。维经斯基等人走后,李大钊加强了这方面的工作。是年 8 月,陈独秀等在上海成立了第一个共产党的组织。10 月,李大钊在北京也建立了相同的组织。11 月,出版了《劳动者》,组织了青年团。同时,李大钊还帮助其他一些地区建立共产党的组织。在此基础上,1921 年 7 月,中国共产党正式成立。

李大钊对于在中国必须尽快建立共产党的认识,是十分明确的。他在《团体的训练与革新的事业》中,认为中国社会改革的关键,在于要有团体的训练和民众的运动。他说:"我们的社会腐败到这个样子,终天口说改革,实际上的改革,半点没有。这总因为我们团体的训练不充足,不能表现民众的势力,而从事革新的运动。"所以,现在当务之急是组织一个"为人民谋福利"的团体。"这个团体不是政客组织的政党,也不是中产阶级的民主党,乃是平民的劳动家的政党,即是社会主义团体,中国谈

---

①　现在比较流行的说法叫"南陈北李,相约建党"。这说法的根据不足,需要进一步考证,只凭孤证是不行的,还必须有足够的旁证。

各种社会主义的人都有了,最近谈 communism 的也不少了,但是还没有强固精密的组织产出来。各国的 C 派朋友,有团体组织的很多,方在跃跃欲试,更有第三国际为之中枢,将来活动的势力,必定一天比一天扩大。中国 C 派的朋友,那好不赶快组织一个大团体以与各国 C 派的朋友相呼应呢?"李大钊确信,有了这样的组织,"中国彻底的大改革,或者有所附托"①。李大钊这一预见的科学性,已为 70 多年的历史所证明。同时,李大钊也认为,建立共产党组织,一定要加强马克思主义理论的研究和宣传。他非常赞赏列宁、布哈林等人在理论上的造诣。可惜,这种见解不但没有被他的同事们重视,而且他以及与他有相同看法的人,反被说成是"讲学的知识者",这是极不公平的。

中国共产党建立之初,在社会上并没有被人们所注意。因此,要在群众中发生较大影响,在政治领域中占有一定地位,中国共产党必须努力从事大量工作。这就是说,必须大力开展工农群众运动,加强联合国民党的工作。中国共产党成立后,李大钊没有负责全面工作,但在促成和发展国共合作工作中,在领导北方的革命运动中,给广大群众留下深刻的印象,为提高中国共产党在政治领域中的地位,做出了很大贡献。这方面的情况,在下边还要说到,这里就不多说了。

建立现代化政党中国共产党,是中国实现社会现代化的关键。没有中国共产党,就没有中国的社会现代化。作为中国共产党的创始人,李大钊为其创建和初期发展所做的努力,是对中国社会现代化事业的不可磨灭的历史贡献。

第三,促成、巩固和发展第一次国共合作,推动国共合作的北伐战争。

1924 年,国共两党所以能建立起合作关系,一方面是由于孙中山立意吸收新的革命力量,改组国民党,重新发动革命斗争;另一方面是由于中国共产党在斗争实践中单凭无产阶级的力量难于完成革命任务,必须与其他革命阶级结成统一战线。当中国共产党做出与国民党合作决定之后,李大钊除在共产党内做了许多统一思想的工作外,主要任务是同孙中

---

① 《李大钊文集》(下),第 444 页。

山接触,帮助孙中山确定改组国民党的纲领和方针。在此期间,李大钊不辞劳苦,频繁奔走于北京、上海、广州之间,做了大量的解释、说服工作和改组国民党的具体筹备工作,对国共合作的实现,起了极大的促进作用。李大钊之所以主要担负这方面的任务,是因为他在社会上地位较高,在共产党员中年龄较大,有丰富的社会历史知识,同孙中山和国民党高级领导人打交道最适宜。

国共合作实现后,共产党的主要任务是巩固和发展这种合作,以推动反对北洋军阀统治的斗争。这时期,李大钊负责北方工作。他认识到,中国社会改革只有"推翻欺压人民的军阀和机会主义的政客,把政权夺回到人民手中,除此别无他途"①。而没有国共合作的巩固和发展,这个目的就无法达到,特别是要想在北洋军阀统治中心的北京及北方地区开展革命运动,几乎没有可能。为此,他首先注意加强北方国民党的组织建设,充分发挥国民党领导机构的作用,以巩固国共合作的组织基础。1924年4月,李大钊与丁惟汾、王法勤等一起,正式成立了国民党北京执行部,领导北京、山东、河南等15个省市的工作。当时,这些地方根本没有国民党的组织,或者只在上层人士中有几个党员。李大钊指派于方舟、于树德等到各地帮助建立基层组织,扩大党员队伍。经过努力,到1925年10月,国民党北京执行部所属各地党员总数已达1.4万多人。如北京市党部的党员,就由1000余人发展到2000人。李大钊还十分注意团结国民党领导人,与他们共同协商,发挥他们的作用。在1925年到1926年期间,北京开展的各项大的群众运动,都由国民党出面领导,加入国民党的共产党员则积极参加,分头负责组织工作,充分发挥了国共合作的优越性。同时,李大钊还大力开展北方工农运动,以巩固国共合作的群众基础。1924年10月,李大钊利用冯玉祥发动北京政变的有利形势,使北方的工人运动得到恢复和发展。农民运动也逐步开展起来,到1926年,在直、鲁、晋、热、察等省内已有农民协会会员2万人左右。另外,李大钊也注意加强反帝反封建的宣传工作,以巩固国共合作的思想基础。这些,对

①　《李大钊文集》(续),第54页。

国共合作在北洋军阀统治的北方地区的巩固和发展,起了重要的作用。当然,这种巩固和发展也不是一帆风顺的,而时常受到国民党中的右派分子的破坏和干扰。因此,李大钊与国民党左派一道,同右派分子进行了不可调和的斗争。在反对国民党右派分子的斗争中,李大钊强调:"不管是列宁主义信徒,中山主义信徒,应该紧紧的联合起来!"①

应该说,在北洋军阀统治的北方地区,共产党和国民党合作得比较好,对右派斗争也比较有力,所以革命运动发展比较快。从 1925 年到1926 年,在北京开展的群众斗争——国民会议运动、五卅运动、关税自主运动、首都革命、三一八运动,连续不断,日益高涨,给了北洋军阀反动统治极其沉重的打击,动摇了北洋军阀的统治基础,有力地配合了国民革命军的北伐。这一切,都是与李大钊的工作分不开的。

国共两大现代化政党的第一次合作,旨在推翻妨碍实现社会现代化的北洋军阀反动统治。它在中国现代化历史进程中,具有重大意义。李大钊为此而立下的功劳,是他一生中对中国社会现代化做出的历史贡献的重要组成部分。

第四,为中国社会现代化事业献出了生命。

李大钊在自己短短的一生中,始终不辞劳苦,不畏艰难而努力工作。他助人为乐,把困难留给自己,把方便让给别人。他的自觉性非常强,不管在什么情况下,总要尽力把工作搞好。如到 1927 年初,在国民党的许多领导人纷纷南下,国民党中央与在北京的国民党地方组织已基本断绝联系的情况下,李大钊仍然靠借贷维持国民党在京组织的日常工作。

李大钊对于工作的这种态度,是因为他有着一个革命的人生观。李大钊的崇高理想是在中国实现社会现代化,使国家富强,人民幸福。为了这个理想,即使在生命受到威胁的时候,他也毫不畏惧。正如他自己所说的:"人生的目的,在发展自己的生命,可是也有为发展生命必须牺牲生命的时候。因为平凡的发展,有时不如壮烈的牺牲足以延长生命的音响和光华。绝美的风景,多在奇险的山川。绝壮的音乐,多是悲凉的韵调。

_____

① 《李大钊文集》(下),第 846 页。

高尚的生活,常在壮烈的牺牲中。"1926 年三一八运动以后,军阀张作霖加紧迫害革命者,北京笼罩在白色恐怖之下。很多人劝李大钊到南方去,党也做了调动工作的安排。但他只是帮助其他同志撤退,而自己却坚持留下,开展地下斗争。1927 年 4 月 6 日,李大钊被捕。在狱中,不管敌人怎样折磨,他都严守党的秘密,坚贞不屈。他写的"供词",明确申述自己的革命志向、革命主张,并舍己为人尽力掩护同时被捕的青年人。为了保存革命力量,他拒绝了劫狱的计划。4 月 28 日,李大钊昂首走上绞刑架,面不更色,从容就义,表现了共产主义战士的大无畏的英雄气概。李大钊生命的音响和光华,永远萦回,普照中国大地,激励着后人为实现中国社会现代化而继续奋斗。

总之,在中国社会现代化的历史进程中,应该说,李大钊是一个对实现中国社会现代化有很大功劳的历史人物,是变被动社会现代化为主动社会现代化重要转折期的一定时间和范围内影响发展方向的关键性历史人物。可惜,他牺牲得过早,没有能把他的才能充分发挥出来,不然其贡献会更大。

从上边对李大钊的历史贡献的分析中,可以看出从中国社会现代化角度分析个人和群众的作用应注意的几个问题:

第一,对个人和群体的现代化意识的分析,要力求准确把握,要力求反映特色,要从发展上看,从整体上看。强调准确把握,是因为被分析的个人或群体的现代化意识并不是被他或他们专门做出说明的,而只能从其著作、言论以及实践中去捕捉,这往往不易抓准。要想抓准,一方面应把现代化意识的特点理解透,一方面应把被分析的个人或群体的言行了解透。

强调反映特色,是同准确把握相联系的。只有反映出分析对象的特色,才可以说得上是准确把握住了。每个分析对象的现代化意识,都不可能一样。有的个人或群体在这方面突出一些,有的个人或群体则在这方面平淡一些。如与李大钊同时代的陈独秀的创新意识就不如李大钊强。也就是说,在有的时候陈独秀的思想很解放,有的时候就不能很快接受新鲜事物,缺乏开拓精神。1915 年,陈独秀创办《新青年》,高举民主与科学两大旗帜,打开思想界的沉闷局面,反映出很强的现代化意识。但是,当民主主义思想的宣传陷入困境的时候,陈独秀对社会主义思潮听而不闻,视而不见,固守于民主主义的门槛之中。创新意识要求人们在任何情况下,都不拒绝研究、接受新鲜事物。但综观陈独秀一生,不同时候的现代化意识强弱反差很大,呈现出不稳定性,这是他的特点。可见,分析出个人或群体的特色,是十分重要的。

强调从发展上、整体上看个人或群体的现代化意识,也是为了达到准确把握。有的个人或群体在短时间内,在局部问题上,表现出一定的现代化意识,但从发展上看,从整体上看,则并不具备现代化意识。也有的个人或群体开始现代化意识不强,随着时间的推移,现代化意识不断增强。如在新文化运动中与李大钊共同作战的吴虞,是反封建的战士,表现出较强的现代化意识。但这只是在一段时间里,而从其一生来看,就不行了,无法与李大钊相比。可见,从发展上、整体上去分析,就会更准确地把握个人或群体的现代化意识。

第二,分析个人和群体的思想、实践对中国社会现代化的作用,要先弄清楚这一过程的不同阶段、不同时期时主题及历史内涵。否则,分析就会陷于一般化,就不能对个人或群体的作用得出恰如其分的具体结论。只要围绕着不同阶段的主题和历史内涵进行分析,就可以看出个人或群众的不同作用。从对李大钊分析中可以看出,正是由于准确地把握住其活动年代的主题和历史内涵,就能够得出中肯的结论。如果分析陈独秀这个人物,就必须准确把握其所经历的新民主主义革命时期的重要转折期、曲折发展期、兴亡关键期的主题和历史内涵,才能得出符合实际的结论。应该说,陈独秀对中国社会现代化是有很大贡献的,但对变被动社会现代化为主动社会现代化的进程也起了一定的阻碍作用。如在重要转折期,陈独秀作为新文化运动的首倡者,对人们解放思想,开阔眼界,增加知识,提高觉悟等方面,都起了很大作用。这正是中国社会现代化进程中解脱困境,开辟新路的必要准备,没有新文化运动就没有马克思主义引进和传播。随后,陈独秀对新的现代化政党中国共产党的创建,对国共两大现代化政党的合作,对变被动社会现代化为主动社会现代化而进行武装夺取政权的再尝试,都起了不小的作用。但大革命后期由于陈独秀的错误,使变被动社会现代化为主动社会现代化的进程遭受挫折。

第三,从中国社会现代化角度衡量个人或群体的作用,要从实际出发,不要小题大做。每个人或每个群体对社会现代化的作用不同,有对全局起作用的个人或群体,也有对局部起作用的个人或群体,还有在一定情况下对全局起作用而在另外情况下则只对局部起作用的个人或群体。一般说来,对于全局起作用的个人或群体,是少数,对局部起作用的个人或群体是多数。从历史发展来看,少数对全局起作用的个人或群体至关重要,应该特别注意研究,但忽视多数对局部起作用的个人或群体,也是不对的。因为群体主要是由这个多数的个人或群众构成的,实际上是对历史发展起决定作用的部分。对于那些起不了全局作用的个人和群体的分析,不要硬扯到全局去考察。李大钊是对全局有影响的人物,所以得出上面的结论。但也只能说他在重要转折期的一定时间和范围内起了影响发展方向的作用,这主要指引进和宣传马克思主义,培养中国第一代马克思主义者和创建中国共产党等方面,还不能说李大钊在整个重要转折期都起了影响发展方向的作用。这种分寸要掌握好,否则就会失实。对于那些不能起全局作用的个人和群体,只能按其所起实际作用得出结论。如李大钊同时代的其他共产主义知识分子,都是在李大钊引进马克思主义之后,才研究和宣传马克思主义的,在这方面无法与李大钊的作用相比。又如有些科学家和科学团体,在发展中国的科技事业上贡献很大,起着促进中国社会现代化的作用。这些个人或群体的作用是在特定范围之内,超出这个范围就谈不上了。由于他们所起作用的领域,是中国社会现代化的组成部分,所以才说他们推动着中国社会现代化的进程,同样,对那些起阻碍作用的个人或群体的分析,也要考虑是全局性作用还是局部性作用,不能任意夸大或缩小。

用现代化意识之强弱和在社会现代化中的作用衡量历史人物和群体,也是党史研究中的新问题,需要更多的研究者为之努力,结出更多的硕果。

以上分析,大致上说明了唯物史观关于个人和群众原理与中共党史学主体部分的关系。至于在史料的收集和整理方面,有关历史人物的材料还是比较多的,特别是已出版的个人文集对研究历史人物的思想用处很大。在条件允许的情况下,还应该出版更多的个人文集。这方面存在的问题,主要是注释、考据、校勘、版本功夫下得不够,使研究者特别是青年研究者使用时发生困难。关于反映群众意识、作用的材料,虽然已出版了一些类似社团情况的书,但总体说来是比较差的。党史研究中,有关历史人物的专著还不少,书评也不少,但从史学史的角度进行评论则不多。由于没有用现代化意识强弱和社会现代化中的作用衡量党史人物的著作,当然也就没有这方面的评论文章。上述几个方面的问题,都需要经过努力而得到解决,以促进党史研究的深化。

结　语

　　写完以上几个问题之后,想了一想,觉得与我近来倡导的中共党史研究的现代化有密切关系。实际上,几个问题都涉及研究内容如何达到现代化的问题。所以,对本书写的几个问题进行综合说明时,要纳入中共党史研究的现代化的范围来考察。

　　什么叫研究的现代化? 指的是研究的目的、内容、方法、手段,都要符合社会主义现代化发展的方向和需求。那么,为什么要求研究的现代化呢? 在社会主义现代化建设过程中,任何学科的研究,都有个现代化的问题。只有现代化的研究,才能为现代化服务。人文社会科学是一个庞大的学科群。它研究人和社会发展的历史和现状,揭示其规律,促使社会进步。人文社会科学既能为精神文明建设服务,也能为物质文明建设服务。人文社会科学中,有许多应用学科,可以直接参与国家、政治和文化建设的决策、规划方面的研究和提供信息服务。至于人文社会科学中的基础学科,则离社会实际较远,很难直接为现实服务,其成果往往要通过应用学科的转化才能在现实中起作用。但是,从社会整体来看,基础学科不仅有文化积累和提高应用学科水平的作用,而且在社会指导思想的论证、宣传以及人的教育等诸方面都能直接发挥作用。同时,不同学科的社会作用也不同。可见,基础学科也应积极进取,努力为社会主义现代化服务。作为人文社会科学基础学科的中共党史,与其他基础学科一样,面临的问题是如何为社会主义现代化建设服务。

　　党史界的朋友问我,以往的党史研究不是也为现实服务吗,何必再提什么研究的现代化?不错,以往的研究确实对社会起了不小的作用,但存在的问题也不少。第一,不少研究者或党史研究机构的领导者,把党史研究为社会主义现代化建设服务误解成研究与现实接近的历史,或与现实有关的历史。如果误解成研究与现实接近的历史,那么建国后到"文化大革命"的历史都显得远一些,只有十一届三中全会以来的历史才近一些。这样一来,实际上是取消了党史研究。按此理解,推论下去就只能与其他学科一起,直接研究现实问题。选择与现实有关的问题研究的做法也不行。因为按照这种理解所说的与现实有关的问题是很窄的,必然要排除党史中很多内容,特别是民主革命部分。第二,也有不少研究者认为,党史研究如果从进行爱国主义、集体主义、社会主义和革命传统教育方面说,还可以为现实服务,其他方面就很难了。第三,还有些研究者对为社会主义现代化建设服务不愿问津,有意避开。看来,提出研究的现代化,使之更好地为社会主义现代化建设服务,并不是多余的。由于研究的现代化,是研究全过程的现代化,是多环节的现代化,是系统的全局的考虑,不是枝节的适应,所以就能够解决为社会主义现代化建设服务的问题。

　　为社会主义现代化建设服务,当然就是中共党史研究的总目的。具体说,首先应该包括文化积累和为相关的应用学科提供历史认识基础。文化积累是任何社会都要做的基础工作,而社会主义社会中进行现代化建设更应把它放在重要地位。这部分工作,不能间断,要持续不断向更高的层次发展。同时,党史研究对许多应用学科提高水平,都是非常有用的。如行政管理学的研究,要提高水平,就必须借助于对国家行政管理变革的认识。而这种变革在当代中国是同共产党历史发展的过程紧密联系在一起的,所以行政管理学的研究不能离开党史研究的帮助。其次,也是更重要的,党史研究要为建设有中国特色社会主义现代化建设提供决策根据,要为建设有中国特色社会主义理论进行历史论证以及宣传教育,为建设有中国特色的精神文明服务,为对外文化交流服务。无论提供决策根据,或进行历史论证和宣传教育,都要用中国共产党历史发展全过程说明,而不是只从近期党的历史去分析。所以,这样服务就不会导致排斥党史研究的大部分。为精神文明建设服务,主要包括给以爱国主义、集体主义、社会主义为核心的思想道德教育和政治理论教育,提供研究成果。前者可以用历史人物的事迹或历史事件的过程,教育群众特别是青少年,提高他们的认识。用历史人物进行教育,主要以其事迹感人,但对历史人物总有一个衡量标准,这就应该像我在本书中所说,要考察其现代化意识的强弱和对社会现代化贡献之大小。后者可以考虑把中国革命史课改为中国社会主义现代化的理论和实践。这个课的内容包括:中国社会主义现代化的指导理论,即主要由毛泽东的新民主主义理论和邓小平的建设有中国特色社会主义理论构成的中国化马克思主义;由新民主主义革命、社会主义革命和社会主义现代化建设构成的中国社会主义现代化的实践。这种服务,不是枝节的而是系统的,因而也可以把整个党的历史容纳进去。在对外文化交流中,由于国外研究中国主要集中于近现代,特别是当代,所以党史的内容具有很大的适应性,而且也不是片断的。总之,研究目的必须明确,要为社会主义现代化建设服务,这是整个党史研究的现代化之起点。

如何使党史内容的研究达到现代化呢? 综观本书所涉及的问题主要可以归纳为两点:

第一,要使党史内容的研究达到现代化,必须以现代化意识形态最高层次的马克思主义为指导。

关于马克思主义是最高层次的现代化意识形态,本书在正文中已提到。这里再补充两点:其一,我们是马克思主义者,当然要用马克思主义来指导自己的研究。这不但不必隐讳,而且必须公开申明。在信仰什么主义上,是不用别人管的,马克思主义者也不去管别的主义的信仰者。本书的书名叫《唯物史观与中共党史学》,就是表明我们的研究是在马克思主义指导下进行的。其二,马克思主义是马克思、恩格斯创立并由其他马克思主义者丰富和发展的博大精深的共产主义学说体系,是工人阶级及其政党的世界观的最完整最严谨的理论形态,是工人阶级及广大劳动人民进行革命斗争和社会主义现代化建设的强大思想武器。由于马克思主义创立于资本主义生产方式的形成和初步发展过程中,因而属于现代化意识形态;由于马克思主义能够科学地揭示人类社会发展的规律,能够科学地指导人们从事实践活动,因而属于最高层次的现代化意识形态。可见,只有用马克思主义指导,才能使党史研究现代化。

第二,要使党史内容的研究达到现代化,必须认识到解放和发展生产力,实现社会主义现代化是中国共产党历史发展的主线。

关于党史的主线问题,在本书的前边已进行了论证,不再重复。需要说明的是,为什么承认了解放和发展生产力,实现社会主义现代化是党史的主线,并围绕这一主线展开研究,就算是研究内容的现代化了呢?道理也很简单,就是因为研究的内容与社会主义现代化的发展方向一致了,与其要求相吻合了。从党成立即开始朝着社会主义现代化的方向前进,经过艰苦的武装斗争和其他方面的斗争开辟了实现社会主义现代化的道路。党史的全部内容,都不可能脱离社会主义现代化这一总目标而孤立存在。只有这样,才能体现研究内容的现代化,也才能真正达到研究目的的现代化。

本书把马克思主义的唯物史观与党史研究联系起来讨论,反复论证解放和发展生产力,实现社会主义现代化是党史的主线,并把围绕这一主线的重要理论问题提出来分析,就是想使读者认真思考如何达到党史研究内容的现代化,从而更好地实现研究目的的现代化。

无论研究目的还是研究内容的现代化,都必须求助于研究方法的现代化。写这本书时,原来列了一个谈研究方法的题目,但考虑到前面几个问题都说的是唯物史观与党史学的关系,只有最后一个问题谈方法问题,在排列上不太平衡,加上研究方法问题最好还是放在研究的现代化中说,所以取消了这个题目。这样,在结语中就需要多说上一些话。

既然马克思主义是最高层次的现代化意识形态,那么只有符合马克思主义的研究方法,才是现代化的研究方法。马克思主义研究历史的方法,有很多重要的原则,但我以为实事求是原则对党史研究更具有独特的意义。因为党史研究是执政的中国共产党进行自身的历史研究,这就难于做到不打折扣的实事求是。同时,中国共产党在领导现时的工作中,为执行某些有历史连续性的政策的需要,为维护团结的需要,又不得不暂时隐讳或回避有关的历史问题,难于完全贯彻实事求是的原则。正由于这样,更好地在可能的范围内贯彻这一原则,就成为党史研究中的突出问题。我以为,第一,中国共产党是无产阶级政党,而无产阶级政党没有自己特殊的利益,是最大公无私的。所以,不能因为自身历史有什么错误就不实事求是去分析。为私利而放弃原则,是不允许的。过去的统治者修不好本朝史,那是因为他们属于剥削阶级,无产阶级的政党不能把自己降低到剥削阶级的水平。党史研究工作者应该顶住来自某些个人的压力,秉笔直书,把实事求是原则贯彻好。第二,确实有的问题暂时不能完全进行实事求是分析,从全局利益出发,就不要公开讨论,但内部还是应该研究的。有些问题现在不弄清楚,将来就更不好弄清楚了。在实践中,以往的研究在这两方面,做得还是很有成绩的。因为党和党的领导人,特别是邓小平一再强调对待历史问题要实事求是。但在研究中,仍需做进一步的努力,以达到更高层次。

贯彻实事求是原则,还有个更难解决的问题,就是研究者对传统认识的维护和对历史的、现时的实际缺乏认真的调查研究。如对五四运动历史意义的评价,到底是不是新民主主义开端,党史界讨论得很热烈。对这个问题的认识,归根结底是个能不能实事求是进行分析的问题。已经是具有初步共产主义思想的知识分子的李大钊,对运动究竟起了多大作用呢? 李大钊是不是直接领导了五四运动,谁也说不清。至于思想上的指导,不能说没有,但也不能夸大。五四运动同由十月革命引起的世界革命风潮这一大趋势有密切关系,所以李大钊在五四运动前有关十月革命和马克思主义的宣传,对促进运动的爆发有一定作用。不过,这种作用是宏观的,并非直接的有意的领导。由李大钊和陈独秀共同主持的《每周评论》,在五四运动前确实揭露过巴黎和会内幕和国内黑暗统治,报道过国际上的民族解放运动。但这种工作在许多报刊上同样进行过,所以五四运动的爆发,也非《每周评论》一己之功。从 5 月 4 日到 17 日,李大钊没有发表过文章。18 日,他在《每周评论》第 22 号上发表《秘密外交与强盗世界》,文章把斗争目标提到"推翻强盗世界"、"反抗侵略主义"的高度,确有水平。研究者把这篇文章说成指导运动的纲,有一定道理。不过,这只是一种主观估计,客观上究竟有多大影响很难说。当时,各界起骨干作用的分子各有自己的认识,多数人的兴奋点都在于罢免曹、章、陆,拒绝在和约上签字,其他很少考虑。在这种情况下,李大钊纵然水平再高,一个人也很难把运动纳入马克思主义轨道。可以说,当时已有的具有初步共产主义思想的知识分子,对运动会有不同程度的影响,但不能体现无产阶级的领导。事实上,工人阶级在五四运动中也没有起决定性作用。研究者用以证明这种"决定性作用"的一条重要材料,恰好是说明商人作用的,只是经过引用者的删节才变了样。这条材料是 1919 年 6 月 10 日《新闻报》上登载的淞沪护军使卢永祥会同沪海道尹沈宝昌于 6 月 8 日给北京政府的电报,原文如下:"此次沪上风潮始由学生罢课,继由商人罢市,近且有劳动工人同盟罢工。初因青岛外交,提倡抵制日货,后即以释放京师被捕学生,并罢斥曹汝霖、陆宗舆、章宗祥三人为要求条件。现在罢市业经三日,并闻内地如南京、宁波等处亦有罢市之说,星星之火,可以燎原,失此不图,将成大乱,所以永祥等昨日召集南北商会、省县两教育会切实会议开市办法。"这里很明显说的是罢市威胁和研究解决罢市问题,与罢工关系不大。可引用者用删节号把"工人罢工"与"星星之火"联上,就改变了原意。在五四运动爆发时,中国工人阶级尚未变成自为阶级,马克思主义并没有灌输到工人群众中去,他们的斗争也只能是自发的。这恰恰说明工人阶级在五四运动中,处于自在阶级状态。他们没有统一的阶级组织、行动纲领,只是根据自己的认识主动参加斗争或被动卷入运动,发挥着不同的作用。

要贯彻好实事求是原则,必须在研究中一切从事实出发,而这就应该大量占有材料,对材料进行分析,得出符合实际的结论。在占有材料的情况下,确实有个如何认识和使用材料的问题。如果在大量材料面前,把主观的臆想加进去,符合自己想法的材料就用,反之就不用,这样得出的结论仍然不是实事求是的。列宁在《统计学和社会学》中指出:"在社会现象方面,没有比胡乱抽出一些个别事实和玩弄实例更普遍更站不住脚的方法了。罗列一般例子是毫不费劲的,但这是没有任何意义的或者完全起相反的作用,因为在具体的历史情况下,一切事情都有它个别的情况。如果从事实的全部总和、从事实的联系去掌握事实,那末,事实不仅是'胜于雄辩的东西',而且是证据确凿的东西。如果不是从全部总和、不是从联系中去掌握事实,而是片断的和随便挑出来的,那末事实就只能是一种儿戏,或者甚至连儿戏也不如。"可见,有了材料之后进行分析,使用材料说明问题,并不是一件容易的事。除了说不应该随心所欲使用材料之外,还有许多问题值得注意。如看见否定的材料多,就否定一切,看见肯定的材料多,就肯定一切,这种做法过于简单化,不能得出符合实际的结论。毛泽东在《学习和时局》中指出:"列宁说,对于具体情况作具体的分析,是'马克思主义的最本质的东西、马克思主义的活的灵魂'。我们许多同志缺乏分析的头脑,对于复杂事物,不愿作反复深入的分析研究,而爱作绝对肯定或绝对否定的简单结论。"

阶级分析方法也是马克思主义研究历史的重要方法。这种方法是从阶级社会有阶级区分的事实出发,强调对人和事的认识要注意阶级关系的一种科学的分析问题的方法。列宁在《卡尔·马克思》中说:"只有把一社会或某几个社会的全体成员的意向的总和加以研究,才能对这些意向的结果作出科学的判断。其所以有各种矛盾的意向,是因为每个社会所分成的各阶级的生活状况和生活条件不同。"阶级分析方法,不是先验的方法,而是从实际出发,对具体问题具体分析的方法,是生动的、辩证的方法。它除了要求对不同的群体和个体的言论、行为做具体的经济地位的考察,以明确其阶级属性之外,还要求具体考察各个阶级内部不同阶层、集团的不同意向;考察各个阶级、阶层、集团间的非阶级的共性意向;考察各个阶级、阶层、集团之间的相互渗透与影响;考察分属不同阶级、阶层、集团的个人意向及其对本阶级、阶层、集团或他阶级、阶层、集团的影响,等等。阶级分析方法同对人和事的分析公式化、概念化、脸谱化没有任何必然的联系。出现这种问题,是使用阶级分析方法不当的问题,而不是阶级分析方法本身的问题。在党史研究中,应该坚持这一方法,不能否定它,关键是研究者要把它掌握好。

毛泽东强调的"古今中外法",也是马克思主义研究历史的方法,即用历史观点观察问题。列宁说得明白:"在分析任何一个社会问题时,马克思主义理论的绝对要求,就是把问题提到一定的历史范围之内。"①毛泽东自己解释说,"古今中外法""就是弄清楚所研究的问题发生的一定的时间和一定的空间,把问题当作一定历史条件下的历史过程去研究"。"我想,为了有系统地研究中共党史,将来需要编两种材料,一种是党内的,包括国际共产主义运动;一种是党外的,包括帝国主义、地主、资产阶级等。两种材料都按照年月先后编排。两种材料对照起来研究,这就叫做'古今中外法',也就是历史主义的方法。我们研究党史,必须全面看,这样研究党史,才是科学的。"

马克思主义研究历史的方法很多,除上边所说的之外,还有社会综合分析法、历史比较法,等等。这些方法,在党史研究中都是很有用的。不过,这里只想说明马克思主义研究历史的方法是科学的研究方法,是现代化的研究方法,所以就不一一介绍和评价了。当然,马克思主义不是封闭的体系,故而在研究方法上要吸收一切有益的包括传统的和现代的东西丰富自己,特别是要随着现代社会的发展用合理的新的东西充实自己,以便更符合现代化的需求。如中国传统治史方法中,有许多可用的东西。自马克思主义史学在中国确立以来,已对它进行了改造,使之成为自己的组成部分。近些年来,党史研究工作者逐渐认识到对于复杂的现代社会条件、复杂的党内外斗争所积累起来的大量历史材料进行整理,不能离开考据、辨伪、校勘、注释这类工作,从而建立了文献学、目录学等辅助学科。但是,这种认识的深度还不够,许多研究者缺乏增强这方面能力的自觉性。又如,对于现代自然科学和非马克思主义指导下的人文社会科学的研究方法,马克思主义史学当然应该吸收其有用的部分。事实上,这些年史学界也做了不少努力。在党史研究工作者中间虽早有人提倡,但成果并不多。我以为,比较实际一点的做法,倒是应该多吸收一点马克思主义指导下的人文社会科学的研究方法中对党史研究有用的东西。在社会学、社会心理学、教育学、经济学、民族学、民俗学等等学科中,确有不少好

---

① 《列宁选集》第 2 卷,第 512 页。

的研究方法,把它们借用过来研究党史肯定会有好的效果。总之,研究方法的现代化,是党史研究的现代化至关重要的环节,值得认真思考,并在实际工作中不断探索,以求得较大的进步。

在党史研究的现代化中,还有个使用什么手段的问题。在以往的研究中,传统的手段多为手工方式,效率比较低。这种手段如写卡片,至今还被不少研究者使用,在暂时不具备现代化手段的情况一时尚不能丢掉。不过,对此应该有个认识,即研究手段必须现代化,它是提高研究效率的重要途径。如果党史研究工作者能在研究中利用电脑为自己服务,如果能有个研究中心利用电脑为每个研究者服务,那党史研究的状况必然会大有改观。近年来,有的研究者购置了微机,多用来打字,也有的研究单位开始把有关党史的文件、资料、著作输入微机。这虽然还很初少,但却是可喜的现象。凡事总有个开头,开了头之后,就会有进一步发展。

以上概括地说了有关党史研究的现代化问题。要朝这个方向发展,还有个研究者应该具备现代化意识的问题。显然,研究是要人来进行的,如果研究者不具备现代化意识,那怎么可能有现代化的研究呢?关于现代化意识,本书中已做了说明,不再多说。这里只想强调,要具备现代化意识,首先应该大胆解放思想。我以为,党史研究工作者这个群体的思想不够解放。我不想否定以往的特别是十一届三中全会以来的研究成绩,也不是说过去的研究完全不符合现代化的要求,而是强调把研究目的弄得更明显,对研究内容、方法、手段做适应社会主义现代化建设需求的改革。如果思想不解放,总以为过去得出的结论都是对的,过去的研究方法、手段都是好的,就不可能前进。过去的研究,受很多条件的制约,所得出的结论,就可能有不符合实际的地方,为什么不能怀疑一下呢?当然,提出怀疑也不一定准对,这就需要进行充分讨论。一时统一不了认识,可以暂时各说各的,不必强求一致。总之,思想一定要解放,不要守旧,不要看到一点变化就不顺眼,就生气,否则,对事业,对别人,对自己都不好。

要具备现代化意识,一定用马克思主义特别是当代中国马克思主义武装自己头脑。研究者的马克思主义水平越高,现代化意识就越强。所以,提高马克思主义水平,是研究者之根本。在当前,尤其要认真学习邓小平建设有中国特色社会主义理论。对这个理论指导的社会主义现代化建设实践中出现的问题,可以研究和讨论,也可以有不同看法,怀疑理论本身就不对了。当然,这个理论形成时间不长,还需要在实践发展的基础上不断完善和充实,每个理论工作者对此都有责任。党史研究一定要在这个理论的指导下进行,同时又要为这个理论的形成和发展做历史的论证。

要具备现代化意识,一定要重新学习,改变自身的知识结构。研究者的现代自然科学和人文社会科学知识越丰富,现代化意识就越强。我觉得,党史研究工作者(包括我自己在内)知识面太窄,知识结构陈旧,难于形成现代化意识,不能适应现代化研究的需求。在这方面,有的研究者表现得十分保守,不愿承认自己的弱点。如在一次会上,有的青年党史研究工作者提出,导师不要以自己的知识结构限制学生。这个意见是对的,可有的导师听了很不高兴。让我说,不管是老的还是少的,都应该不断学习,大家一起往前走。老的则更应该为青年人创造条件,鼓励他们努力增长各方面知识,把党史研究搞得更好。

党史研究的现代化的核心,是研究内容的现代化。本书力图在这方面做点贡献,希望能引起人们的注意,想一想如何使党史内容的研究更符合社会主义现代化发展的方向和需求,从而使之更好地为社会主义现代化建设服务。

责任编辑：刘松弢

装帧设计：肖　辉　王欢欢

图书在版编目（CIP）数据

唯物史观与中共党史学/张静如 著. —北京：人民出版社，2023.9

（人民文库．第二辑）

ISBN 978－7－01－022949－2

Ⅰ.①唯…　Ⅱ.①张…　Ⅲ.①历史唯物主义-研究②中国共产党-党史

　Ⅳ.①B03②D23

中国版本图书馆 CIP 数据核字（2020）第 264627 号

唯物史观与中共党史学

WEIWU SHIGUAN YU ZHONGGONG DANGSHI XUE

张静如　著

人 民 出 版 社 出版发行

（100706　北京市东城区隆福寺街 99 号）

北京新华印刷有限公司印刷　新华书店经销

2023 年 9 月第 1 版　2023 年 9 月北京第 1 次印刷

开本：710 毫米×1000 毫米 1/16　印张：11

字数：157 千字

ISBN 978－7－01－022949－2　定价：40.00 元

邮购地址 100706　北京市东城区隆福寺街 99 号

人民东方图书销售中心　电话（010）65250042　65289539